cheiro de goiaba
(conversas com Plinio Apuleyo Mendoza)

Obras do autor
O amor nos tempos do cólera
A aventura de Miguel Littín clandestino no Chile
Cem anos de solidão
Cheiro de goiaba
Crônica de uma morte anunciada
Do amor e outros demônios
Doze contos peregrinos
Em agosto nos vemos
Os funerais da Mamãe Grande
O general em seu labirinto
A incrível e triste história da cândida Erêndira e sua avó desalmada
Memória de minhas putas tristes
Ninguém escreve ao coronel
Notícia de um sequestro
Olhos de cão azul
O outono do patriarca
Relato de um náufrago
A revoada (O enterro do diabo)
O veneno da madrugada (A má hora)
Viver para contar

Obra jornalística
Vol. 1 – Textos caribenhos (1948-1952)
Vol. 2 – Textos andinos (1954-1955)
Vol. 3 – Da Europa e da América (1955-1960)
Vol. 4 – Reportagens políticas (1974-1995)
Vol. 5 – Crônicas (1961-1984)
O escândalo do século

Obra infantojuvenil
A luz é como a água
María dos Prazeres
A sesta da terça-feira
Um senhor muito velho com umas asas enormes
O verão feliz da senhorita Forbes
Maria dos Prazeres e outros contos (com Carme Solé Vendrell)

Antologia
A caminho de Macondo

Teatro
Diatribe de amor contra um homem sentado

Com Mario Vargas Llosa
Duas solidões: um diálogo sobre o romance na América Latina

GABRIEL GARCÍA MÁRQUEZ
cheiro de goiaba
(conversas com Plinio Apuleyo Mendoza)

TRADUÇÃO DE
ELIANE ZAGURY

11ª edição

EDITORA RECORD
RIO DE JANEIRO • SÃO PAULO
2025

CIP-Brasil. Catalogação na fonte
Sindicato Nacional dos Editores de Livros, RJ.

G211c García Márquez, Gabriel, 1927-2014
11ª ed. Cheiro de goiaba: conversas com Plinio Apuleyo Mendoza; tradução de Eliane Zagury. – 11ª ed. – Rio de Janeiro: Record, 2025.

Tradução de: El olor de la guayaba
ISBN 978-85-01-02332-2

1. García Márquez, Gabriel, 1928-2014. Entrevistas. 2. Escritores colombianos – Entrevistas. I. Mendoza, Plinio Apuleyo. II. Título.

93-0569

CDD – 928.68
CDU – 92 (García Márquez, G.)

Título original espanhol:
EL OLOR DE LA GUAYABA

Copyright © 1982 by Gabriel García Márquez
Copyright © 1982 by Plinio Mendoza

Texto revisado segundo o novo Acordo Ortográfico da Língua Portuguesa.

Direitos exclusivos de publicação em língua portuguesa no Brasil adquiridos pela
EDITORA RECORD LTDA.
Rua Argentina, 171 – Rio de Janeiro, RJ – 20921-380 – Tel.: 2585-2000,
que se reserva a propriedade literária desta tradução.

Impresso no Brasil

ISBN 978-85-01-02332-2

Seja um leitor preferencial Record.
Cadastre-se e receba informações sobre nossos lançamentos e nossas promoções.

EDITORA AFILIADA

Atendimento e venda direta ao leitor:
sac@record.com.br

Sumário

Origens   7

Os seus   19

O ofício   35

A formação   55

Leituras e influências   67

A obra   79

A espera   93

Cem anos de solidão   105

O outono do patriarca   117

Hoje   131

Política   141

Mulheres   155

Superstições, manias, gostos   167

Celebridade e celebridades   177

ORIGENS

O trem, um trem que depois recordaria amarelo e poeirento e envolto numa fumaceira sufocante, chegava todos os dias ao povoado às onze da manhã, depois de atravessar as vastas plantações de banana. Junto à linha, por caminhos cheios de pó, avançavam lentos carros de boi carregados de cachos de bananas verdes; o ar era ardente e úmido e quando o trem chegava ao povoado fazia muito calor e as mulheres que aguardavam na estação se protegiam do sol com sombrinhas coloridas.

Os vagões da primeira classe tinham cadeiras de vime e os da terceira, onde viajavam os diaristas, rígidos bancos de madeira. Às vezes, enganchados nos outros, vinha um vagão de vidraças azuis inteiramente refrigerado, onde viajavam os altos funcionários da companhia bananeira. Os homens que desciam daquele vagão não tinham nem as roupas, nem a cor de mostarda, nem o ar sonolento das pessoas com que se cruzava nas ruas do povoado. Eram vermelhos como camarões, louros e fornidos, e se vestiam *como exploradores, com chapéus de cortiça e polainas, e suas mulheres, quando as traziam, pareciam frágeis e assustadas nos seus leves trajes de musselina.*

— Norte-americanos — explicava-lhe o avô, o coronel, com uma sombra de desdém, o mesmo desdém que assumiam as velhas famílias do povoado diante de todos os forasteiros.

Quando Gabriel nasceu, ainda restavam marcas da febre da banana que anos antes sacudira toda a zona. Aracataca parecia um povoado do longínquo oeste, não só pelo trem, pelas velhas casas de madeira e pelas escaldantes ruas de terra, mas também pelos seus mitos e lendas. Por volta de 1910, quando a United Fruit erguera os seus acampamentos no coração das sombreadas plantações de banana, o povoado conhecera uma era de esplendor e esbanjamento. O dinheiro corria aos borbotões. Conforme se dizia, mulheres nuas dançavam a cumbia diante de magnatas que levavam notas ao fogo para acender os seus charutos.

Esta e outras lendas similares trouxeram até aquele esquecido povoado da costa norte da Colômbia enxames de aventureiros e prostitutas, "refugos de mulheres sozinhas e de homens que amarravam a mula num mourão do hotel, trazendo como bagagem única um baú de madeira ou uma trouxa de roupa".*

Para D. Tranquilina, a avó, cuja família era uma das mais antigas do povoado, "aquela tempestade de rostos desconhecidos, de barracas na via pública, de homens trocando

---

*Trecho de *O enterro do diabo*. (N. do T.)

de roupa na rua, de mulheres sentadas nos baús com os guarda-chuvas abertos e de mulas e mulas abandonadas, morrendo de fome no quarteirão do hotel", representava simplesmente "a folhada", isto é, os detritos humanos que a riqueza bananeira depositara em Aracataca.*

A avó governava a casa, uma casa que depois ele recordaria como grande, antiga, com um pátio onde ardia nas noites de muito calor o aroma de um jasmineiro, e inúmeros quartos onde suspiravam às vezes os mortos. Para D. Tranquilina, cuja família provinha de Goajira, uma península de areais ardentes, de índios, contrabandistas e bruxos, não havia uma fronteira muito definida entre os mortos e os vivos. Referia-se a coisas fantásticas como ordinários acontecimentos cotidianos. Mulher miúda e férrea, de alucinados olhos azuis, à medida que foi envelhecendo e ficando cega, aquela fronteira entre os vivos e os desaparecidos fez-se cada vez mais tênue, de modo que acabou falando com os mortos e escutando-lhes as queixas, os suspiros e os prantos.

Quando a noite — noite dos trópicos, sufocante e densa de cheiros de nardos e jasmins e ruídos de grilos — caía brusca sobre a casa, a avó imobilizava numa cadeira o Gabriel, então um menino de cinco anos de idade, assustando-o com os mortos que andavam por ali: com a tia Petra, com o tio Lázaro ou com aquela tia Margarita, Margarita Márquez, que morrera muito jovem e muito linda, e cuja lembrança havia de arder na memória de duas gerações da família.

---

*Idem.

— Se você se mexer — dizia a avó ao menino — vem a tia Petra que está no quarto dela. Ou o tio Lázaro.

(Hoje, quase cinquenta anos depois, quando García Márquez acorda em plena noite num hotel de Roma ou de Bangcoc, torna a experimentar, por um instante, aquele velho terror da sua infância: mortos próximos que habitam a escuridão.)

Aquela casa onde viveu em criança não era, na realidade, a de seus pais, e sim a de seus avós maternos. Circunstâncias muito especiais tinham feito dele um menino perdido num universo de pessoas adultas, esmagadas por lembranças de guerras, penúrias e esplendores de outros tempos. Luisa, sua mãe, tinha sido uma das moças bonitas do povoado. Filha do Coronel Márquez, um veterano da guerra civil respeitado em toda a região, fora educada numa atmosfera de severidade e formosura, muito castelhana decerto, própria das velhas famílias da região, que dessa maneira marcavam distância para com os novos-ricos e os forasteiros.

Passando por alto tal distância, o homem que veio uma tarde pedir tranquila e cerimoniosamente a mão de Luisa, era um daqueles forasteiros que provocavam receios na família. Gabriel Eligio García chegara a Aracataca como telegrafista, depois de abandonar os seus estudos de medicina na Universidade de Cartagena. Sem recursos para chegar ao fim do seu curso, decidira assumir aquele destino de funcionário público e se casar. Depois de passar mentalmente em revista todas as moças do povoado, decidiu pedir a mão de Luisa Márquez: era bonita, muito séria e de uma família respeitável. Assim, obstinado, apresentou-se à casa para lhe propor casamento, sem antes lhe ter dito ou escrito uma única palavra de amor. Mas a família se opôs: Luisa não podia se casar com um telegrafista. O telegrafista era oriundo de Bolívar, um departamento de pessoas muito barulhentas e desembaraçadas, que não tinham o rigor e a compostura do coronel e de sua família. Para culminar, García era conservador, partido contra o qual, às vezes com armas, o coronel lutara toda a sua vida.

A fim de distanciá-la daquele pretendente, Luisa foi enviada com sua mãe para uma longa viagem por outras povoações e por remotas cidades da costa. De nada serviu: em cada cidade havia um posto telegráfico, e os telegrafistas, cúmplices do colega de Aracataca, faziam chegar à moça as mensagens de amor que este lhes transmitia em código Morse. Aqueles telegramas a seguiam por onde fosse, como as borboletas amarelas de Maurício Babilônia. Diante de tanta obstinação, a família acabou por ceder. Depois do casamento, Gabriel Eligio e Luisa foram morar em Rioha-cha, uma velha cidade às margens do Mar das Antilhas, em outros tempos assediada pelos piratas.

A pedido do coronel, Luisa deu à luz seu primeiro filho em Aracataca. E talvez para apagar os últimos remorsos do ressentimento provocado pelo seu casamento com o te-legrafista, deixou o recém-nascido aos cuidados dos avós. Foi assim que Gabriel cresceu naquela casa, único menino em meio a inúmeras mulheres. D. Tranquilina, que falava dos mortos como se estivessem vivos. A tia Francisca, a tia Petra, a tia Elvira: todas elas mulheres fantásticas, insta-ladas nas suas lembranças remotas, todas com surpreen-dentes aptidões premonitórias e às vezes tão supersticiosas *como as índias goajiras que compunham a criadagem da casa. Também elas encaravam o extraordinário como coisa natural. A tia Francisca Simonosea, por exemplo, que era uma mulher forte e infatigável, sentou-se um dia para tecer a sua mortalha.*

— Por que está fazendo uma mortalha? — perguntou-lhe Gabriel.

— Porque vou morrer, menino — respondeu ela.

E com efeito, quando terminou sua mortalha deitou-se na cama e morreu.

Naturalmente, o personagem mais importante da casa era o avô de Gabriel. Na hora do almoço, que congregava não só todas as mulheres da casa mas também amigos e parentes chegados no trem das onze, o velho presidia a mesa. Zarolho por causa de um glaucoma, com um apetite sólido, uma pança proeminente e uma vigorosa sexualidade que deixara sua semente em dúzias de filhos naturais por toda a região, o Coronel Márquez era um liberal de princípios, muito respeitado naquele povoado. O único homem que chegou a injuriá-lo na vida foi morto com um único disparo.

Muito jovem, o coronel participara das guerras civis que os liberais federalistas e os livres-pensadores tinham empreendido contra os governos conservadores, cujo suporte eram os latifundiários, o clero e as forças armadas regulares. A última dessas guerras, iniciada em 1899 e terminada em 1901, deixara nos campos de batalha cem mil mortos. Toda uma juventude liberal, formada no culto a Garibaldi e ao radicalismo francês, que ia para os combates com camisas e bandeiras vermelhas, tinha sido dizimada. O coronel conseguira a sua patente militar combatendo nas províncias da costa, onde a guerra tinha sido especialmente sangrenta, sob as ordens do lendário caudilho liberal, o General Rafael Uribe Uribe. (Alguma coisa do temperamento e muitos dos traços físicos de Uribe seriam tomados por García Márquez para compor o personagem do Coronel Aureliano Buendía.)

Entre o avô sexagenário, que continuava revivendo na lembrança os episódios alucinantes daquela guerra, e seu neto de cinco anos — os únicos homens de uma família cheia de mulheres — criar-se-ia uma amizade singular.

Gabriel havia de guardar para sempre a lembrança do velho, da maneira patriarcal e repousada como tomava assento à cabeceira da mesa diante do prato onde fumegava o cozido, em meio ao vívido papaguear das mulheres da casa; dos passeios que dava com ele ao entardecer pelo povoado; da forma como às vezes se detinha em plena rua, com um repentino suspiro, para confessar-lhe (a ele, um menino de cinco anos de idade):

— Você não sabe quanto pesa um morto.

Gabriel lembraria também das manhãs em que o velho o levava às plantações para se banhar em alguma das cascatas que desciam da serra. A água correndo rápida, fria e muito clara entre pedras grandes e brancas como ovos pré-históricos, o silêncio das plantações, o misterioso palpitar das cigarras quando começava o calor, e o velho falando sempre da guerra civil, dos canhões puxados por mulas, dos cercos, dos combates, dos feridos agonizando nas naves das igrejas, dos homens fuzilados nas paredes do cemitério: tudo isso ficaria titilando para sempre nas tundras da sua memória.

Os amigos que seu avô encontrava no café de D. Antonio Dasconti (modelo para o Pietro Crespi de Cem anos de solidão) eram como ele velhos liberais que tinham ganhado a patente militar em meio à pólvora e ao fragor da guerra. Capitães, coronéis ou generais, a lembrança daquela contenda feroz continuava ardendo nas suas longas e nostálgicas conversas sob os ventiladores do café, como se nada do que ocorreu depois, inclusive a febre da banana, tivesse importância nas suas vidas.

O velho e parcimonioso coronel dava a seu neto a maior importância. Escutava-o, respondia a todas as suas perguntas. Quando não sabia responder, dizia:

— Vamos ver o que diz o dicionário.

(Desde então, Gabriel aprendeu o olhar com respeito para aquele livro empoeirado que continha a resposta para tantos enigmas.) Cada vez que um circo armava a lona no povoado, o velho levava o menino pela mão para mostrar-lhe ciganos, trapezistas e dromedários; e uma vez mandou abrir para ele uma caixa de pargos congelados para revelar-lhe o mistério do gelo.

Gabriel ficava fascinado quando ia com o avô até os limites da companhia bananeira. Do outro lado das malhas de arame que cercavam o acampamento, tudo parecia limpo e refrigerado e sem relação alguma com a poeira e o calor abrasador do povoado. Piscinas de águas azuis com mesinhas e guarda-sóis em volta; campos de grama muito verde, que pareciam tirados de uma estampa da Virgínia; moças jogando tênis: um mundo de Scott Fitzgerald, em pleno coração do trópico.

Ao entardecer, aquelas moças norte-americanas vestidas ainda à moda dos anos 1920, que se poderiam situar no Montparnasse dos anos loucos ou no vestíbulo do Plaza de Nova York, saíam de automóvel para dar uma volta pelas ardentes ruas de Aracataca. O automóvel era conversível, e elas, frágeis e alegres e como que imunes ao calor nos seus vaporosos trajes de musselina branca, iam sentadas em meio a dois imensos cachorros-lobos. Olhares sonolentos as seguiam dos portais, através da poeira que levantava o veículo.

Aquela poeira, as moças, o automóvel conversível percorrendo as ruas ao entardecer; os velhos militares derrotados e o avô recordando sempre as suas guerras; as tias tecendo as próprias mortalhas; a avó falando com os seus mortos, os mortos suspirando nas alcovas; o jasmineiro do pátio, os trens amarelos carregados de bananas, as cascatas de água fresca correndo na sombra das plantações e os socós da madrugada: tudo isso levaria o vento, como o vento leva Macondo nas últimas páginas de Cem anos de solidão.

A morte do avô, quando Gabriel tinha oito anos de idade, foi o fim da sua primeira infância; o fim de Aracataca também. Enviado à remota e nebulosa capital do país, no planalto, ele só voltaria ao seu povoado tempos depois de ter abandonado o seu curso de Direito e só de maneira fugaz, para encontrar a desolação do que deixara de ser, irremediavelmente.

Vinha com sua mãe para vender a casa que tinha sido do avô. Na decrépita estação, em outros tempos cheia de gente e sombrinhas coloridas, não havia ninguém, de modo que mal o trem os deixou no reverberante silêncio do meio-dia, crivado pelo canto das cigarras, retomou sua marcha como se tivesse passado por uma aldeia fantasma. Tudo parecia ruinoso e abandonado, devorado pelo calor e pelo esquecimento. A poeira dos anos caíra sobre as velhas casas de madeira e as esquálidas amendoeiras da praça.

À medida que avançavam pela desolação das ruas, Gabriel e sua mãe, surpreendidos, tentavam localizar naquele andrajoso cenário a lembrança remota daqueles tempos de animação e esbanjamento que tinham testemunhado. Mal reconheciam lugares e casas, sem entender como tinham podido abrigar em outros tempos famílias respeitáveis, de mulheres vestidas de babados e austeros generais de fartas costeletas.

A primeira amiga que a mãe encontrou (estava na penumbra de um quarto, sentada diante de uma máquina de costura) não pareceu reconhecê-la no primeiro momento. Assim, as duas mulheres se observaram como que tentando encontrar por trás da aparência cansada e madura a lembrança das moças lindas e risonhas que tinham sido.

A voz da amiga soou triste e como que surpreendida:

— Comadre! — exclamou, levantando-se.

As duas se abraçaram e começaram a chorar ao mesmo tempo.

"Ali, daquele reencontro, saiu o meu primeiro romance", diz García Márquez.

Seu primeiro romance e provavelmente todos os que viriam depois.

OS SEUS

— Minha lembrança mais viva e constante não é a das pessoas, e sim a da própria casa de Aracataca onde morava com meus avós. É um sonho repetitivo que ainda persiste. Mais ainda: todo dia da minha vida acordo com a impressão, falsa ou real, de que sonhei que estou nessa casa. Não que voltei a ela, mas sim que estou lá, sem idade e sem nenhum motivo especial, como se nunca tivesse saído dessa casa velha e enorme. Entretanto, mesmo no sonho, persiste aquilo que foi o meu sentimento predominante durante toda aquela época: a angústia noturna. Era uma sensação irremediável que começava sempre ao entardecer e que me inquietava mesmo durante o sono, até que tornasse a ver pelas fendas das portas a luz do novo dia. Não consigo definir muito bem, mas me parece que aquela angústia tinha uma origem concreta e é que à noite se materializavam todas as fantasias, os presságios e as evocações da minha avó. Essa era a minha relação com ela: uma espécie de cordão invisível mediante o qual nos comunicávamos ambos com um universo sobrenatural. De dia, o mundo mágico da minha avó me era fascinante, eu vivia dentro dele, era o meu mundo próprio. Mas à noite me causava terror. Ainda hoje, às vezes, quando estou dormindo sozinho num hotel de qualquer lugar do mundo, acordo de repente agitado por esse medo horrível de estar sozinho nas trevas, precisando sempre de alguns minutos para racionalizar isso e tornar a dormir. Meu avô, em compensação, era para mim a segurança absoluta dentro do mundo incerto da minha avó. Só com ele desaparecia a angústia e me sentia com os pés na terra e bem estabelecido na vida real. O estranho, pensando agora, é que eu queria ser como o meu avô... realista, valente, seguro... mas não podia resistir à tentação constante de me debruçar para o mundo da minha avó.

— Fale do seu avô. Quem era, como foi a sua relação com ele?

— O Coronel Nicolás Ricardo Márquez Mejía, que era o seu nome completo, é talvez a pessoa com quem melhor me entendi e com quem melhor comunicação já tive, mas a quase cinquenta anos de distância tenho a impressão de que ele nunca foi consciente disso. Não sei por que, mas essa suposição, que me surgiu na época da adolescência, sempre foi traumática para mim. É como uma frustração, como se estivesse condenado para sempre a viver com uma incerteza que devia ser esclarecida e que não será nunca mais, porque o coronel morreu quando eu tinha oito anos. Não o vi morrer, porque estava em outro povoado por esses dias, longe de Aracataca. E nem sequer me deram a notícia de um modo direto; eu a ouvi ser comentada na casa onde estava. Lembro-me de que não me causou nenhuma impressão. Mas em toda a minha vida de adulto, cada vez que me acontece alguma coisa, sobretudo cada vez que me acontece alguma coisa boa, sinto que só me falta, para que a alegria seja completa, que meu avô fique sabendo. De modo que todas as minhas alegrias de adulto foram e continuarão sendo para sempre perturbadas por esse germe de frustração.

— Há algum personagem dos seus livros que se pareça com ele?

— O único personagem que parece com o meu avô é o coronel sem nome de *O enterro do diabo*. Mais ainda: é quase um decalque minucioso de sua imagem e do seu temperamento, embora talvez isso seja muito subjetivo, porque não está descrito no romance e é muito provável que o leitor tenha dele uma imagem diferente da minha. Meu avô tinha perdido um olho de uma maneira que sempre me pareceu literária demais para ser contada: estava contemplando da janela do seu escritório um belo cavalo branco e de repente, sentiu alguma coisa no olho esquerdo, cobriu-o com a mão e perdeu a visão sem dor. Não me lembro do episódio, mas o ouvi ser contado em criança muitas vezes. Minha avó dizia sempre no final:

— A única coisa que lhe ficou na mão foram as lágrimas.

Esse defeito físico está transposto no personagem de *O enterro do diabo*: o coronel é coxo. Não me lembro se digo isso no romance, mas sempre pensei que o problema dessa perna surgira de uma ferida de guerra. A guerra civil dos Mil Dias, que foi a última da Colômbia nos primeiros anos deste século, e na qual meu avô obteve a patente de coronel revolucionário ao lado do partido liberal. A lembrança mais impressionante que tenho do meu avô tem a ver com isso: pouco antes de sua morte, não sei por que motivo, o médico estava lhe fazendo um exame na cama e de repente se deteve numa cicatriz que tinha muito perto da virilha. Meu avô lhe disse: "Isso foi um tiro." Muitas vezes me havia falado da guerra civil... e daí surgiu o interesse que aparece em todos os meus livros por esse episódio histórico... mas nunca me tinham dito que aquela cicatriz fora causada por uma bala. Quando disse isso ao médico, para mim foi como a revelação de alguma coisa lendária e heroica.

— Sempre acreditei que o Coronel Aureliano Buendía parecia com o seu avô...

— Não, o Coronel Buendía é o personagem oposto à imagem que tenho do meu avô. Este era rechonchudo e sanguíneo e, além disso, era o comilão mais voraz de que me lembre e o fornicador mais desmedido, segundo soube muito mais tarde. O Coronel Buendía, em compensação, não só corresponde melhor à estampa ossuda do General Rafael Uribe Uribe,* mas também tem a mesma tendência à austeridade. Nunca vi Uribe Uribe, é claro, mas minha avó contava que antes do meu nascimento ele passou por

---

*Caudilho liberal colombiano, chefe das forças que se levantaram contra o Governo conservador em 1899.

Aracataca e esteve no escritório do meu avô com outros veteranos das suas guerras, tomando cerveja. A visão que minha avó tinha dele é igual à descrição que fez Adelaida, a esposa do coronel de *O enterro do diabo,* quando viu pela primeira vez o médico francês, que, como ela mesma diz no romance, pareceu-lhe um militar. Não está dito, mas em meu foro íntimo sei que ela acreditava que era o General Uribe Uribe.

— Como vê a relação que teve com sua mãe?

— O distintivo da minha relação com a minha mãe, desde muito criança, foi o da seriedade. Talvez seja a relação mais séria que tive na minha vida e acho que não existe nada que eu e ela não nos possamos dizer nem nenhum assunto sobre o qual não possamos conversar, mas quase sempre o fizemos, mais que com um sentido de intimidade, com um certo rigor que quase se poderia considerar profissional. É uma concepção difícil de explicar, mas é assim. Talvez isso se deva a que comecei a morar com ela e com meu pai quando já tinha o uso da razão... depois de morrer meu avô... e minha entrada na casa deve ter sido para ela como a de alguém com quem se podia entender, em meio aos seus filhos numerosos, todos mais novos que eu, e que a ajudava a pensar nos problemas domésticos, que eram muito árduos e nada agradáveis, dentro de uma pobreza que em certo momento chegou a ser extrema. Além disso, nunca tivemos ocasião de viver sob o mesmo teto por muito tempo seguido, porque em poucos anos, quando fiz doze, fui para o colégio, primeiro em Barranquilla e depois em Zipaquirá, e daí até hoje só nos vimos em visitas breves, primeiro durante as férias escolares e depois cada vez que vou a Cartagena, que nunca é mais de uma vez por ano e nunca por mais de quinze dias. Isso cria irremediavelmente uma certa distância no trato, um certo pudor que encontra a sua expressão mais confortável na seriedade. Ora: de uns doze anos para cá, quando comecei a ter recursos para fazê-lo, telefono para ela todos os domingos na mesma hora, de qualquer lugar do mundo, e as raríssimas vezes em que não o fiz foi por impossibilidades técnicas. Não é que eu seja bom filho, como se diz, nem melhor que qualquer outro, mas sempre considerei que esse telefonema dominical faz parte da seriedade das nossas relações.

— É verdade que ela descobre facilmente as chaves dos seus romances?

— Sim, de todos os meus leitores, ela é o que na realidade tem mais instinto e, naturalmente, mais dados para identificar na vida real os personagens dos meus livros. Não é fácil, porque quase todos os meus personagens são como quebra-cabeças armados com peças de muitas pessoas diferentes e, é claro, que com peças de mim mesmo. O mérito da minha mãe é que ela tem, nesse terreno, a mesma destreza dos arqueólogos quando conseguem reconstruir um animal pré-histórico completo, a partir de uma vértebra encontrada numa escavação. Lendo os meus livros, ela elimina por puro instinto as peças acrescentadas e reconhece a vértebra primária e essencial em torno da qual construí o personagem. Às vezes, quando está lendo, ouve-se ela dizer: "Ai, o meu pobre compadre, aparece aqui como se fosse um maricas." Digo a ela que não é verdade, que aquele personagem não tem nada a ver com o seu compadre, mas digo por dizer, porque ela sabe que eu sei que ela sabe.

— Qual dos seus personagens femininos se parece com ela?

— Nenhum, antes da *Crônica de uma morte anunciada,* está baseado em minha mãe. O temperamento de Ursula Iguarán, em *Cem anos de solidão,* tem alguns traços dela, mas tem muito mais de muitas outras mulheres que conheci na vida. Na realidade, Ursula é para mim a mulher ideal, no sentido de que é o paradigma da mulher essencial, tal como a imagino. O que é surpreendente é a verdade contrária: que à medida que minha mãe envelhece parece mais com a imagem totalizadora que eu tinha de Ursula e a evolução do seu temperamento se acentua nesse sentido. Por isso, sua atuação na *Crônica* poderia parecer uma repetição do personagem de Ursula. Entretanto, não é assim: é um retrato fiel de minha mãe, tal como o vejo, e por isso lá está com o seu próprio nome. O único comentário que ela fez a respeito, foi quando se viu com o seu segundo nome: Santiaga. "Meu Deus", exclamou, "passei a vida toda tentando esconder esse nome tão feio e ele agora vai ser conhecido no mundo inteiro e em todos os idiomas."

— Você nunca fala do seu pai. Como se lembra dele? Como o vê hoje?

— Quando completei trinta e três anos, tomei consciência de repente de que essa era a idade de meu pai quando o vi entrar pela primeira vez na casa dos meus avós. Lembro-me disso muito bem, porque era o dia do aniversário dele e alguém disse: "Você está completando a idade de Cristo." Era um homem esbelto, moreno, gracejador e simpático, com um terno completo de linho branco e um chapéu *canotier*. Um perfeito caraíba dos anos 1930. O estranho é que agora tem oitenta anos, muito bem vividos em todos os sentidos, e não consigo vê-lo como é na realidade, e sim como o vi naquela primeira vez na casa dos meus avós. Há pouco, ele disse a um amigo que eu me acreditava como esses frangos que, conforme se diz, são concebidos sem a participação do galo. Dizia isso de muito bons modos e com o seu bom senso de humor, como uma reprovação porque eu sempre falo das minhas relações com a minha mãe e poucas vezes falo dele. Tem razão. Mas o motivo real dessa exclusão é que o conheço muito pouco e, em todo caso, muito menos que a minha mãe. Só agora, quando já temos quase a mesma idade, como digo a ele às vezes, estabelecemos uma comunicação tranquila. Acho que tenho uma explicação. Quando cheguei para morar com meus pais, aos oito anos, trazia uma imagem paterna muito bem assentada: a imagem do meu avô. E meu pai é não só muito diferente do meu avô, como quase totalmente o contrário. Seu temperamento, seu senso de autoridade, sua concepção geral da vida e da sua relação com os filhos eram completamente diferentes. É muito provável que eu, na idade que tinha então, tivesse me sentido afetado por aquela mudança tão brusca. O resultado foi que as nossas relações até a minha adolescência foram para mim muito difíceis, e sempre por culpa minha: nunca me sentia seguro de qual devia ser o meu comportamento diante dele, não sabia como agradá-lo, e ele era então de uma severidade que eu confundia com a incompreensão. Entretanto, acho que ambos resolvemos isso muito bem, porque nunca, em nenhum momento e por nenhum motivo, tivemos uma briga séria.

"Em compensação, acho que muitos elementos da minha vocação literária me vêm dele, que escreveu versos na juventude, e nem sempre clandestinos, e que tocava violino muito bem quando era o telegrafista de Aracataca. Sempre apreciou a boa literatura e é um leitor tão voraz que quando se chega em sua casa não é preciso perguntar onde está ele, porque todos sabemos: está lendo no quarto, que é o único lugar tranquilo numa casa de loucos, onde nunca se sabe quantos vamos ser na mesa, porque há uma incontável população flutuante de filhos, netos e sobrinhos, que entramos e saímos a qualquer hora, cada um com o seu assunto próprio. Meu pai sempre está lendo tudo o que lhe cai nas mãos: os melhores autores literários, todos os jornais, todas as revistas, folhetos de propaganda, manuais de geladeiras, qualquer coisa. Não conheço ninguém mais contaminado pelo vício da leitura. No mais, nunca tomou uma gota de álcool nem fumou um cigarro, mas teve dezesseis filhos conhecidos e não sabemos quantos desconhecidos, e agora, com os oitenta anos mais fortes e lúcidos que conheço, não parece disposto a mudar seus hábitos, antes pelo contrário."

— Todos os seus amigos sabemos o papel que Mercedes desempenhou na sua vida. Conte onde a conheceu, como se casou com ela e, sobretudo, como conseguiu isso tão raro que é um casamento feliz.

— Conheci Mercedes em Sucre, um povoado do interior da costa do Mar das Antilhas, onde viveram nossas famílias durante vários anos e onde ela e eu passávamos as nossas férias. O pai dela e o meu eram amigos desde a juventude. Um dia, num baile de estudantes, quando ela contava apenas treze anos, pedi-lhe sem mais rodeios que se casasse comigo. Acho agora que a proposta era uma metáfora para pular por cima de todos os rodeios e mais rodeios que era preciso fazer naquela época para conseguir uma namorada. Ela deve ter entendido assim, porque continuamos a nos ver de modo esporádico e sempre casual, e acho que ambos sabíamos sem dúvida alguma que mais cedo ou mais tarde a metáfora ia se tornar verdade. Como se tornou, com efeito, uns dez anos depois de inventada e sem que nunca tivéssemos sido namorados de verdade, e sim um casal que esperava sem pressa e sem angústias alguma coisa que se sabia inevitável. Agora estamos quase completando vinte e cinco anos de casados e, em nenhum momento, tivemos um desentendimento sério. Acho que o segredo está em que continuamos entendendo as coisas como as entendíamos antes de nos casarmos. Isto é, o casamento, como a vida inteira, é alguma coisa de terrivelmente difícil, que é preciso tornar a começar desde o princípio todos os dias, e todos os dias da nossa vida. O esforço é constante e inclusive estafante, muitas vezes, mas vale a pena. Um personagem de um romance meu diz isso de uma maneira mais crua: "O amor também se aprende."

— Algum personagem seu está inspirado nela?

— Nenhum personagem dos meus romances parece com a Mercedes. Nas duas vezes em que aparece em *Cem anos de solidão* é ela mesma, com seu próprio nome e sua identidade de farmacêutica, e o mesmo acontece nas duas vezes em que intervém na *Crônica de uma morte anunciada*. Nunca pude ir mais longe no seu aproveitamento literário, por uma verdade que poderia parecer uma *boutade*, mas que não é: cheguei a conhecê-la tanto que não tenho mais a menor ideia de como é na realidade.

— Seus amigos: o que representam eles na sua vida? Conseguiu conservar todas as suas amizades de juventude?

— Algumas foram ficando espalhadas pelo caminho, mas as essenciais na minha vida sobreviveram a todas as tormentas. Não foi por casualidade, antes pelo contrário: cuidei, em cada minuto da minha vida e em qualquer circunstância, para que fosse assim. Está no meu temperamento e já disse isso em muitas entrevistas: nunca, em nenhuma circunstância, esqueci que na verdade da minha alma não sou ninguém mais nem serei ninguém mais que um dos dezesseis filhos do telegrafista de Aracataca. Nos últimos quinze anos, quando a fama caiu por cima de mim como uma coisa não procurada e indesejável, meu trabalho mais difícil foi a preservação da minha vida particular. Consegui, mais restrita e vulnerável que antes, mas o suficiente para que caiba nela a única coisa que afinal de contas me interessa de verdade na vida; o afeto dos meus filhos e dos meus amigos. Viajo muito pelo mundo, mas sempre o interesse primordial dessas viagens é encontrar com os meus amigos de sempre, que aliás não são muitos. Na realidade, o único momento da vida em que sinto ser eu mesmo é quando estou com eles. Sempre em grupos muito pequenos, se possível não mais de seis de cada vez, mas melhor se formos quatro. Se eu puder escolhê-los para a reunião é sempre melhor, porque uma das coisas que sei muito bem é reunir os amigos segundo as suas afinidades, de modo que não haja nenhuma tensão no grupo. Isso, naturalmente, me toma muito tempo, mas o encontro sempre, porque é o meu tempo essencial. Os raros que perdi no caminho foi sempre pela mesma razão: porque não entenderam que a minha situação é muito difícil de conduzir e está ameaçada pelo risco constante de acidentes e erros, que podem afetar por um instante uma velha amizade. Mas se um amigo não entende isso, com a dor da minha alma, acabou-se para sempre: um amigo que não entende, simplesmente não é tão bom quanto se acreditava. Quanto a sexos, não faço distinção nesse terreno, mas sempre tive a impressão de me entender melhor com as mulheres do que com os homens. Em todo caso, considero-me o melhor amigo dos meus amigos e acho que nenhum deles gosta tanto de mim quanto eu gosto do amigo de quem gosto menos.

— Você tem uma magnífica relação com os seus dois filhos. Qual é fórmula?

— Minhas relações com os meus filhos são excepcionalmente boas, como você diz, pelo mesmo que lhe disse da amizade. Por mais consternado, exaltado, distraído ou cansado que esteja, sempre tive tempo para falar com os meus filhos, para estar com eles, desde que nasceram. Na nossa casa, desde que os nossos filhos têm o uso da razão, todas as decisões são discutidas e resolvidas em comum acordo. Tudo se conduz com quatro cabeças. Não faço isso por sistema, nem porque pense que é um método melhor ou pior, mas sim porque descobri de repente, quando os meus filhos começaram a crescer, que a minha verdadeira vocação é de pai: gosto de ser, a experiência mais apaixonante da minha vida foi a de ajudar os meus dois filhos a crescerem e acho que o que fiz melhor na vida não são os meus livros, e sim os meus filhos. São como dois amigos nossos, mas criados por nós mesmos.

— Você divide os seus problemas com eles?

— Se os meus problemas são grandes, tento dividi-los com a Mercedes e com os meus filhos. Se são muito grandes, é provável que recorra também a algum amigo que possa me ajudar com as suas luzes. Mas, se são grandes demais, não consulto ninguém. Em parte por pudor e em parte para não passar para a Mercedes e para os meus filhos, e eventualmente para algum amigo, uma preocupação adicional. De modo que os engulo sozinho. O resultado, é claro, é uma úlcera de duodeno que funciona como um sinal de alarme e com a qual tive que aprender a viver, como se fosse uma amante secreta, difícil e às vezes dolorosa, mas impossível de esquecer.

O OFÍCIO

— Comecei a escrever por acaso, talvez só para demonstrar a um amigo que a minha geração era capaz de produzir escritores. Depois caí na armadilha de continuar escrevendo por prazer e depois na outra armadilha de que nada me agradava mais no mundo do que escrever.

— Você disse que escrever é um prazer. Também disse que é um sofrimento. Como é que nós ficamos?

— As duas coisas estão certas. Quando estava começando, quando estava descobrindo o ofício, era um ato alvoroçado, quase irresponsável. Naquela época, recordo, depois que terminava o meu trabalho no jornal, por volta das duas ou três da madrugada, eu era capaz de escrever quatro, cinco, até dez páginas de um livro. Uma vez, de uma única assentada, escrevi um conto.

— E agora?

— Agora me considero feliz se puder escrever um bom parágrafo numa jornada. Com o tempo o ato de escrever se tornou um sofrimento.

— Por quê? Dir-se-ia que com o maior domínio que adquiriu do ofício escrever deve estar sendo mais fácil para você.

— O que acontece simplesmente é que vai aumentando o senso de responsabilidade. Tem-se a impressão de que cada letra que se escreve agora tem uma ressonância maior, afeta muito mais gente.

— Talvez seja uma consequência da fama. Ela incomoda tanto a você?

— Atrapalha; a pior coisa que pode acontecer a um homem que não tem vocação para o êxito literário, num continente que não estava preparado para ter escritores de êxito, é que os seus livros se vendam como salsichas. Detesto me transformar em espetáculo público. Detesto a televisão, os congressos, as conferências, as mesas-redondas...

— As entrevistas.

— Também. Não, não desejo o êxito a ninguém. Acontece com a gente o que acontece com os alpinistas, que se matam para chegar ao cume e quando chegam, o que fazem? Descer ou tentar descer discretamente, com a maior dignidade possível.

— Quando você era jovem e tinha que ganhar a vida com outros ofícios, escrevia de noite, fumando muito.

— Quarenta cigarros por dia.

— E agora?

— Agora não fumo e só trabalho de dia.

— De manhã.

— Das nove às três da tarde, num cômodo sem ruídos e com boa calefação. As vozes e o frio me perturbam.

— Você se angustia, como outros escritores, com a folha em branco?

— Sim, é a coisa mais angustiante que conheço depois da claustrofobia. Mas essa angústia acabou para mim, depois que li um conselho de Hemingway, no sentido de que só se deve interromper o trabalho quando já se sabe como continuar no dia seguinte.

— Qual é, no seu caso, o ponto de partida de um livro?

— Uma imagem visual. Em outros escritores, creio, um livro nasce de uma ideia, de um conceito. Eu sempre parto de uma imagem. *A sesta da terça-feira,** que considero o meu melhor conto, surgiu da visão de uma mulher e de uma menina vestidas de preto e com um guarda-chuva preto, andando sob um sol ardente num povoado deserto. *O enterro do diabo* é um velho que leva o neto a um enterro. O ponto de partida de *Ninguém escreve ao coronel* é a imagem de um homem esperando uma lancha no mercado de Barranquilla. Esperava-a com uma espécie de aflição silenciosa. Anos depois, me encontrei em Paris esperando uma carta, talvez um cheque, com a mesma angústia e me identifiquei com a lembrança daquele homem.

— E qual foi a imagem visual que serviu de ponto de partida para *Cem anos de solidão?*

— Um velho que leva um menino para conhecer o gelo, exibido como curiosidade de circo.

— Era o seu avô, o Coronel Márquez?

---

* Conto do livro *Os funerais da mamãe grande.* (N. do T.)

— Sim.

— O fato é tirado da realidade?

— Não diretamente, mas está inspirado nela. Lembro que, sendo muito criança, em Aracataca, onde vivíamos, meu avô me levou para conhecer um dromedário no circo. Outro dia, quando lhe disse que nunca tinha visto gelo, levou-me ao acampamento da companhia bananeira, ordenou que se abrisse uma caixa de pargos congelados e me fez meter a mão lá dentro. Dessa imagem parte *Cem anos de solidão* inteiro.

— Você associou, então, duas lembranças na primeira frase do livro. Como diz exatamente?

— "Muitos anos depois, diante do pelotão de fuzilamento, o Coronel Aureliano Buendía haveria de recordar aquela tarde remota em que seu pai o levou para conhecer o gelo."

— Em geral, você dá muita importância à primeira frase de um livro. Já me disse que às vezes levava mais tempo para escrever essa primeira frase que todo o resto. Por quê?

— Porque a primeira frase pode ser o laboratório para estabelecer muitos elementos do estilo, da estrutura e até do comprimento do livro.

— Você leva muito tempo para escrever um romance?

— Escrever em si, não. É um processo mais para rápido. Em menos de dois anos escrevi *Cem anos de solidão*. Mas antes de me sentar à máquina demorei quinze ou dezessete anos pensando nesse livro.

— E demorou o mesmo tempo amadurecendo *O outono do patriarca*. Quantos anos você esperou para escrever a *Crônica de uma morte anunciada*?

— Trinta anos.

— Por que tanto tempo?

— Quando aconteceram os fatos, em 1951, não me interessaram como material de romance, e sim como reportagem. Mas aquele era um gênero pouco desenvolvido na Colômbia dessa época e eu era um jornalista de província num jornal ao qual talvez não tivesse interessado o assunto. Comecei a pensar o caso em termos literários vários anos depois, mas sempre levei em conta a contrariedade que causava a minha mãe a pura ideia de ver tanta gente amiga, inclusive alguns parentes, metidos num livro escrito por um filho seu. Entretanto, a verdade de fundo é que o tema só me arrastou realmente quando descobri, depois de pensar muitos anos, o que me pareceu o elemento essencial: que os dois homicidas não queriam cometer o crime, tinham feito todo o possível para que alguém impedisse e não conseguiram. É isso, em última instância, a única coisa realmente nova que tem esse drama, aliás bastante comum na América Latina. Uma causa posterior da demora foi de caráter estrutural. Na realidade, a história termina quase vinte e cinco anos depois do crime, quando o marido volta para a esposa repudiada, mas para mim sempre foi evidente que o final do livro tinha que ser a descrição minuciosa do crime. A solução foi introduzir um narrador... que pela primeira vez sou eu mesmo... que estivesse em condições de passear à vontade, a torto e a direito no tempo estrutural do romance. Quer dizer, ao fim de trinta anos, descobri uma coisa que muitas vezes nós romancistas esquecemos: que a melhor fórmula literária é sempre a verdade.

— Hemingway dizia que não se devia escrever sobre um assunto nem cedo demais, nem tarde demais. Você não se preocupou por guardar tantos anos uma história na cabeça sem escrevê-la?

— Na realidade, nunca me interessou uma ideia que não resista a muitos anos de abandono. Se é boa a ponto de resistir aos quinze anos que esperou *Cem anos de solidão,* aos dezessete de *O outono do patriarca* e aos trinta de *Crônica de uma morte anunciada,* não tenho outro remédio senão escrevê-la.

— Você toma notas?

— Nunca, salvo apontamentos de trabalho. Sei por experiência própria que, quando se toma notas, a gente acaba pensando para as notas e não para o livro.

— Você corrige muito?

— Nesse aspecto, o meu trabalho mudou muito. Quando eu era jovem, escrevia de uma tirada, fazia cópias, voltava para corrigir. Agora vou corrigindo linha por linha à medida que escrevo, de sorte que, ao terminar a jornada, tenho uma folha impecável sem manchas nem rasuras, quase pronta para levar ao editor.

— Você rasga muitas folhas?

— Uma quantidade incrível. Começo uma folha a máquina...

— Sempre a máquina?

— Sempre. Em máquina elétrica. E quando me engano, ou não gosto da palavra escrita, ou simplesmente quando cometo um erro de datilografia, por uma espécie de vício, de mania ou de escrúpulo, deixo a folha de lado e ponho outra nova. Posso gastar até quinhentas folhas para escrever um conto de doze. Isto é: não pude vencer a mania de que um erro datilográfico me parece um erro de criação.

— Muitos escritores são alérgicos à máquina elétrica. Você não?

— Não, estou tão compenetrado dela que não poderia escrever a não ser à máquina elétrica. Em geral, acho que se escreve melhor quando se dispõe em todos os sentidos de condições confortáveis. Não acredito no mito romântico de que o escritor deve passar fome, deve estar na pior, para produzir. Escreve-se melhor tendo-se comido bem e com uma máquina elétrica.

— Raramente nas suas entrevistas você fala dos seus livros em processo, por quê?

— Porque fazem parte da minha vida privada. A verdade é que sinto um pouco de compaixão pelos escritores que contam em entrevistas o argumento do seu próximo livro. É uma prova de que as coisas não estão saindo bem para eles e se consolam resolvendo na imprensa os problemas que não puderam resolver no romance.

— Mas do livro em processo você costuma falar muito com os seus amigos mais próximos.

— Sim, submeto-os a um trabalho estafante. Quando estou escrevendo uma coisa, falo muito dela. É uma maneira de descobrir onde estão os terrenos firmes e os terrenos movediços. Uma maneira de me orientar na escuridão.

— Você fala, mas quase nunca dá para ler o que está escrevendo.

— Nunca. Decidi isso como se fosse uma superstição. Acho, realmente, que no trabalho literário a gente sempre está sozinho. Como um náufrago no meio do mar. Sim, é o ofício mais solitário do mundo. Ninguém pode ajudar a gente a escrever o que está escrevendo.

— Qual é, para você, o lugar ideal para escrever?

— Já disse isso várias vezes: uma ilha deserta pela manhã e a grande cidade à noite. Pela manhã, preciso de silêncio. À noite, um pouco de álcool e bons amigos para conversar. Tenho sempre a necessidade de estar em contato com as pessoas da rua e bem a par da atualidade. Tudo isso corresponde ao que quis dizer William Faulkner quando declarou que a casa perfeita para um escritor era um bordel, pois nas horas da manhã há muita calma e, em compensação, à noite há festa.

— Falemos de todo o lado artesanal do ofício de escrever. Nessa longa aprendizagem que foi a sua, poderia me dizer quem foi útil para você?

— Em primeiro lugar, minha avó. Contava-me os fatos mais atrozes sem se comover, como se fosse uma coisa que acabasse de ver. Descobri que essa maneira imperturbável e essa riqueza de imagens era o que mais contribuía para a verossimilhança das suas histórias. Usando o mesmo método da minha avó, escrevi *Cem anos de solidão*.

— Foi ela quem lhe permitiu descobrir que ia ser um escritor?

— Não, foi Kafka que, em alemão, contava as coisas da mesma maneira que a minha avó. Quando li aos dezessete anos *A metamorfose*, descobri que ia ser escritor. Ao ver que Gregor Samsa podia acordar uma manhã transformado num gigantesco escaravelho, disse para mim mesmo: "Eu não sabia que se podia fazer isso. Mas se é assim, escrever me interessa."

— Por que chamou tanto a sua atenção? Pela liberdade de poder inventar qualquer coisa?

— De repente compreendi que existiam na literatura outras possibilidades além das racionalistas e muito acadêmicas que tinha conhecido até então nos manuais do colégio. Era como se despojar de um cinto de castidade. Com o tempo descobri, não obstante, que não se pode inventar ou imaginar o que der na telha, porque se corre o risco de dizer mentiras e as mentiras são mais graves na literatura que na vida real. Dentro da maior arbitrariedade aparente, existem leis. A gente pode tirar a folha de parreira racionalista, sob a condição de não cair no caos, no irracionalismo total.

— Na fantasia.

— Sim, na fantasia.

— Você a detesta. Por quê?

— Porque acho que a imaginação é apenas um instrumento de elaboração da realidade. Mas a fonte de criação, afinal de contas, é sempre a realidade. E a fantasia, ou seja, a invenção pura e simples, à Walt Disney, sem nenhum pé na realidade, é a coisa mais detestável que pode haver. Lembro-me de que uma vez, interessado em escrever um livro de contos infantis, mandei a você como teste *El mar del tiempo perdido*. Com a franqueza de sempre, você me disse que não gostava dele e achava que era por uma limitação sua: a fantasia não lhe dizia nada. Mas o argumento para mim foi demolidor, porque as crianças também não gostam da fantasia. Do que gostam, naturalmente, é da imaginação. A diferença que há entre uma e outra é a mesma que há entre um ser humano e o boneco de um ventríloquo.

— Depois de Kafka, que outros escritores foram úteis a você do ponto de vista do ofício e dos seus truques?

— Hemingway.

— Que você não considera um grande romancista.

— Que não considero um grande romancista, mas sim um excelente contista. Ou aquele conselho de que um conto, como o iceberg, deve estar sustentado na parte que não se vê: no estudo, na reflexão, no material reunido, e não utilizado diretamente na história. Sim, Hemingway nos ensina muita coisa, inclusive a saber como um gato dobra uma esquina.

— Greene também lhe ensinou algumas coisas. Falamos disso uma vez.

— Sim, Graham Greene me ensinou nada mais nada menos que a decifrar o trópico. Dá muito trabalho a gente separar os elementos essenciais para fazer uma síntese poética num ambiente que conhece demais, porque sabe tanto que não sabe por onde começar e tem tanto que dizer que no final não sabe nada. Este era o meu problema com o trópico. Tinha lido com muito interesse Cristóvão Colombo, Pigafetta e os cronistas das Índias, que tinham uma visão original, e tinha lido Salgari e Conrad e os tropicalistas latino-americanos do início do século, que tinham os óculos parnasiano-simbolistas, e muitos outros, e encontrava uma distância muito grande entre a sua visão e a realidade. Alguns incorriam em enumerações que, paradoxalmente, quanto mais se alongavam mais limitavam a sua visão. Outros, já sabemos, sucumbiam à hecatombe retórica. Graham Greene resolveu esse problema literário de um modo muito certeiro: com alguns poucos elementos dispersos, mas unidos por uma coerência subjetiva muito sutil e real. Com esse método se pode reduzir todo o enigma do trópico à fragrância de uma goiaba podre.

— Há outro ensinamento útil que se lembre de ter recebido?

— Um que escutei de Juan Bosch em Caracas, há uns vinte e cinco anos. Disse que o ofício de escritor, suas técnicas, seus recursos estruturais e até a sua minuciosa e oculta carpintaria é preciso aprender na juventude. Nós escritores somos como os papagaios, pois não aprendemos a falar depois de velhos.

— Definitivamente, o jornalismo serviu de alguma coisa para você no ofício literário?

— Sim. Mas não, como se disse, para encontrar uma linguagem eficaz. O jornalismo me ensinou recursos para dar validade às minhas histórias. Pôr lençóis (lençóis brancos) em Remedios, a Bela, para fazê-la subir ao céu, ou dar uma xícara de chocolate (de chocolate e não de outra bebida) ao padre Nicanor Reina, antes de se erguer dez centímetros do chão, são recursos ou precisões de jornalista, muito úteis.

— Você sempre foi um apaixonado pelo cinema. Ele pode ensinar recursos úteis para um escritor?

— Olhe, não saberia o que dizer a você. No meu caso, o cinema foi uma vantagem e uma limitação. Ensinou-me, isto sim, a ver em imagens. Mas ao mesmo tempo comprovo agora que em todos os meus livros anteriores a *Cem anos de solidão* há um esforço imoderado de visualização dos personagens e das cenas e até uma obsessão em indicar pontos de vista e enquadramentos.

— Você está pensando, sem dúvida, em *Ninguém escreve ao coronel*.

— Sim, é um romance cujo estilo parece com o de um roteiro cinematográfico. Os movimentos dos personagens são como se fossem seguidos por uma câmera. E quando torno a ler o livro, vejo a câmera. Hoje acho que as soluções literárias são diferentes das soluções cinematográficas.

— Por que você dá tão pouca importância ao diálogo nos seus livros?

— Porque o diálogo em língua castelhana acaba por ser falso. Sempre disse que nesse idioma houve uma grande distância entre o diálogo falado e o diálogo escrito. Um diálogo em castelhano que é bom na vida real não é necessariamente bom nos romances. Por isso o trabalho tão pouco.

— Antes de escrever um romance, você sabe com exatidão o que vai acontecer com cada um dos seus personagens?

— Só de uma maneira geral. No decorrer do livro acontecem coisas imprevisíveis. A primeira ideia que tive do Coronel Aureliano Buendía é que se tratava de um veterano das nossas guerras civis que morria urinando debaixo de uma árvore.

— Mercedes me contou que você sofreu muito quando ele morreu.

— Sim, eu sabia que, num dado momento, tinha que matá-lo e não ousava. O coronel já estava velho, fazendo os seus peixinhos de ouro. E uma tarde pensei: "Agora sim que não tem mais jeito!" Tinha que matá-lo. Quando terminei o capítulo, subi tremendo para o segundo andar da casa, onde estava a Mercedes. Soube o que havia ocorrido, quando viu a minha cara. "O coronel já morreu", disse. Deitei-me na cama e fiquei chorando duas horas.

— O que é para você a inspiração? Existe?

— É uma palavra desprestigiada pelos românticos. Não a concebo como um estado de graça nem como um sopro divino, mas sim como uma reconciliação com o tema, à força de tenacidade e domínio. Quando se quer escrever alguma coisa, fica estabelecida uma espécie de tensão recíproca entre a gente e o tema, de modo que a gente atiça o tema e o tema atiça a gente. Há um momento em que todos os obstáculos são derrubados, todos os conflitos se apartam e à pessoa ocorrem coisas que não tinha sonhado, e então não há na vida nada melhor que escrever. Isso é o que eu chamaria de inspiração.

— Acontece com você, às vezes, no decorrer de um livro, perder esse estado de graça?

— Sim, e então volto para reconsiderar tudo desde o princípio. São as épocas em que conserto com uma chave de fenda as fechaduras e as tomadas da casa e pinto as portas de verde, porque o trabalho manual ajuda às vezes a vencer o medo da realidade.

— Onde pode estar a falha?

— Geralmente corresponde a um problema da estrutura.

— Pode às vezes ser um problema muito grave?

— Tão grave que me obriga a começar tudo de novo. *O outono do patriarca* eu suspendi no México, em 1962, quando contava quase trezentas laudas, e a única coisa que se salvou delas foi o nome do personagem. Renovei-o em Barcelona em 1968, trabalhei muito durante seis meses e tornei a suspendê-lo porque não estavam muito claros alguns aspectos morais do protagonista, que é um ditador muito velho. Mais ou menos dois anos depois, comprei um livro sobre caça na África porque me interessava o prólogo escrito por Hemingway. O prólogo não valia a pena, mas continuei lendo o capítulo sobre os elefantes e lá estava a solução do romance. A moral do meu ditador se explicava muito bem por certos costumes dos elefantes.

— Você teve outros problemas, além dos relacionados com a estrutura e a psicologia do personagem central?

— Sim, houve um momento em que descobri uma coisa

muito grave: não conseguia fazer com que fizesse calor na cidade do livro. Era grave, porque se tratava de uma cidade no Mar das Antilhas, onde devia fazer um calor tremendo.

— Como resolveu isso?

— A única coisa que me ocorreu foi carregar toda a minha família para o Mar das Antilhas. Estive vagando por lá quase um ano, sem fazer nada. Quando regressei a Barcelona, onde estava escrevendo o livro, semeei algumas plantas, pus algum perfume e consegui por fim que o leitor sentisse o calor da cidade. O livro terminou sem mais dificuldades.

— O que acontece quando o livro que está escrevendo está terminando?

— Deixa de me interessar para sempre. Como dizia Hemingway, é um leão morto.

— Você disse que todo bom romance é uma transposição poética da realidade. Poderia explicar esse conceito?

— Sim, acho que um romance é uma representação cifrada da realidade, uma espécie de adivinhação do mundo. A realidade que se maneja num romance é diferente da realidade da vida, embora se apoie nela. Como acontece com os sonhos.

— O tratamento da realidade nos seus livros, principalmente em *Cem anos de solidão* e em *O outono do patriarca,* recebeu um nome, o de realismo mágico. Tenho a impressão de que os seus leitores europeus costumam perceber a magia das coisas que você conta, mas não veem a realidade que as inspira...

— Certamente porque o seu racionalismo os impede de ver que a realidade não termina no preço dos tomates ou dos ovos. A vida cotidiana na América Latina nos demonstra que a realidade está cheia de coisas extraordinárias. A esse respeito costumo sempre citar o explorador norte-americano F. W. Up de Graff, que no final do século passado fez uma viagem incrível pelo mundo amazônico, onde viu, entre outras coisas, um arroio de água fervente e um lugar onde a voz humana provocava chuvas torrenciais. Em Comodoro Rivadavia, no extremo sul da Argentina, os ventos do polo levaram pelos ares um circo inteiro. No dia seguinte, os pescadores tiraram em suas redes cadáveres de leões e girafas. Em *Os funerais da mamãe grande* conto uma impensável, impossível viagem do papa a uma aldeia colombiana. Lembro-me de ter descrito o presidente que o recebia como calvo e rechonchudo, a fim de que não parecesse com o que então governava o país, que era alto e ossudo. Onze anos depois de escrito esse conto, o papa foi à Colômbia e o presidente que o recebeu era, como no conto, calvo e rechonchudo. Depois de escrito *Cem anos de solidão,* apareceu em Barranquilla um rapaz confessando que tem um rabo de porco. Basta abrir os jornais para saber que entre nós acontecem coisas extraordinárias todos os dias. Conheço gente inculta que leu *Cem anos de solidão* com muito prazer e com muito cuidado, mas sem surpresa alguma, pois afinal não lhes conto nada que não pareça com a vida que eles vivem.

— Então, tudo o que você põe nos seus livros tem uma base real?

— Não há nos meus romances uma linha que não esteja baseada na realidade.

— Tem certeza? Em *Cem anos de solidão* acontecem coisas bastante extraordinárias. Remedios, a Bela, sobe ao céu. Borboletas amarelas voejam em torno de Mauricio Babilônia...

— Tudo isso tem uma base real.

— Por exemplo...

— Por exemplo, Mauricio Babilônia. Quando eu tinha uns cinco anos de idade em minha casa de Aracataca, um dia veio um eletricista para mudar o contador. Lembro-me como se fosse ontem porque me fascinou a correia com que se amarrava nos postes para não cair. Voltou várias vezes. Numa delas, encontrei minha avó tentando espantar uma borboleta com um pano e dizendo: "Sempre que esse homem vem aqui em casa entra essa borboleta amarela." Esse foi o embrião de Mauricio Babilônia.

— E Remedios, a Bela? Como ocorreu a você enviá-la ao céu?

— Inicialmente tinha previsto que ela desapareceria quando estava bordando na varanda da casa com Rebeca e Amaranta. Mas esse recurso, quase cinematográfico, não me parecia aceitável. Remedios ia ficar por ali de qualquer forma. Então me ocorreu fazê-la subir ao céu em corpo e alma. O fato real? Uma senhora cuja neta tinha fugido de madrugada e que para esconder essa fuga decidiu fazer correr o boato de que sua neta tinha ido para o céu.

— Você contou em algum lugar que não foi fácil fazê-la voar.

— Não, não subia. Eu estava desesperado por que não havia meio de fazê-la subir. Um dia, pensando nesse problema, fui para o quintal da minha casa. Havia muito vento. Uma negra muito grande e muito bonita que vinha lavar roupa estava tentando estender lençóis num varal. Não podia, o vento os levava. Então, tive uma iluminação. "É isso", pensei. Remedios, a Bela, precisava de lençóis para subir ao céu. Nesse caso, os lençóis eram o elemento trazido pela realidade. Quando voltei para a máquina de escrever, Remedios, a Bela, subiu, subiu e subiu sem dificuldade. E não teve Deus que a impedisse.

A FORMAÇÃO

Em bancos de areia que se abriam no meio do rio, via-se de repente algum jacaré entorpecido pelo calor. Quando rompia a manhã ou quando acabava o dia com resplendores de incêndio, micos e papagaios gritavam nas remotas ribeiras. Parecido com os vapores que na época de Mark Twain sulcavam o Mississippi, o velho barco de roda levava oito dias para subir com lentidão o Rio Magdalena, em direção ao interior do país. Aos treze anos, sozinho pela primeira vez, Gabriel iniciava naquele barco uma espécie de exílio que ia ser definitivo em sua vida.

Depois do barco houve um trem subindo cansativamente pela enevoada cordilheira. E ao fim dessa longa viagem, numa tarde de janeiro que hoje recorda como a mais triste de sua vida, encontrou-se na estação ferroviária de Bogotá, vestido com um terno preto de seu pai, que lhe tinham ajustado capote e chapéu, e com "um baú que tinha alguma coisa do esplendor do santo sepulcro".

Bogotá lhe pareceu "uma cidade remota e lúgubre onde estava caindo uma garoa inclemente desde o princípio do século XVI. A primeira coisa que me chamou a atenção dessa capital sombria foi que havia homens demais andando depressa nas ruas, que todos estavam vestidos como eu de terno preto e chapéu, e que, em compensação, não via nenhuma mulher. Chamaram-me a atenção os enormes cavalos dos carros de cerveja sob a chuva, as chispas pirotécnicas dos bondes ao dobrarem as esquinas sob a chuva e as dificuldades do trânsito para dar passagem aos enterros intermináveis. Eram os enterros mais lúgubres do mundo: carros com retábulo e cavalos pretos enfeitados de veludos e máscaras de penugem negra, além de cadáveres de boas famílias que se sentiam os inventores da morte".

Um europeu, habituado só às pacíficas mudanças das estações — mudanças que se organizam no tempo e não no espaço — não pode imaginar facilmente o violento contraste que num mesmo país pode existir entre o mundo do Mar das Antilhas e o mundo da Cordilheira dos Andes. Contraste geográfico, em primeiro lugar. Mundo de luz e de calor, o Mar das Antilhas só poderia ser pintado com azuis e verdes intensos. Mundo de brumas, de chuvas tênues e ventos frios, os Andes desenrolam uma fina série de cinzentos e verdes melancólicos.

Contraste humano, também. Descendente de andaluzes, de negros e de arrogantes índios caraíbas, o habitante da costa é aberto, alegre, alheio a todo dramatismo e sem nenhuma reverência por hierarquias e protocolos. Gosta de dança; ritmos africanos, percutidos, sobrevivem na sua mú-

sica, que é sempre alegre. O colombiano da cordilheira, em compensação, marcado pelo formalismo castelhano e pelo temperamento taciturno e desconfiado do índio chibcha, é um homem de sutis reservas e cerimônias; sutil também no seu humor. A cortesia dos seus modos encobre às vezes um fundo de agressividade, que o álcool com frequência revela de maneira intempestiva. (A violência política do país nunca surgiu da costa, sim do planalto.) Como a paisagem que rodeia o andino, sua música é triste: fala de abandonos, de distâncias, de amores que partem.

Nada podia vir a ser mais estranho e mais duro para aquele garoto de treze anos, vindo da costa, que se encontrar de repente obrigado a viver num mundo tão diferente do seu. Ficou assombrado ao ver aquela capital tão triste. No crepúsculo, soavam sinos chamando para o rosário; pelas janelas do táxi, via ruas cinzentas de chuvas. A ideia de viver anos naquela atmosfera funerária oprimia-lhe o coração. Para surpresa do seu tutor, que tinha vindo buscá-lo na estação do trem, pôs-se a chorar.

O colégio para onde ia como bolsista funcionava num "convento sem calefação e sem flores" e ficava no mesmo "povoado remoto e lúgubre onde Aureliano Segundo foi buscar Fernanda del Carpio a mil quilômetros do mar". Para ele, nascido no Mar das Antilhas, "aquele colégio era um castigo e aquela cidade gelada uma injustiça".

Seu único consolo foi a leitura. Pobre, sem família, habitante da costa num mundo de janotas, Gabriel encontraria nos livros a única maneira de fugir de uma realidade tão sombria. No vasto dormitório do colégio, liam-se livros *em voz alta*: A Montanha Mágica, Os três mosqueteiros, O corcunda de Notre Dame, O Conde de Montecristo. *Aos domingos, sem ânimo de enfrentar o frio e a tristeza daquele povoado andino, Gabriel ficava na biblioteca do colégio lendo romances de Júlio Verne e de Salgari e os poetas espanhóis ou colombianos cujos versos apareciam nos textos escolares. Maus poetas, poetas retóricos. Felizmente teve naquela época uma revelação literária: os jovens poetas colombianos que, sob a influência de Rubén Darío, de Juan Ramón Jiménez e a mais imediata e evidente de Pablo Neruda, tinham formado um grupo chamado "Piedra y Cielo". Literariamente subversivo, aquele grupo acabou com os românticos, com os parnasianos e com os neoclássicos. Permitiam-se, com as metáforas, fulgurantes audácias.*

— Eram os terroristas da época — diz hoje García Márquez. — Se não fosse por causa do Piedra y Cielo, não estou certo de que teria me transformado em escritor.

Quando terminou o colégio e começou a estudar Direito na Universidade Nacional de Bogotá, a poesia continuava sendo o que mais lhe interessava na vida. Em vez de códigos, lia versos. Versos, versos e versos, diria hoje.

— Minha diversão mais devassa (naquela época) era me enfiar aos domingos nos bondes de vidraças azuis que por cinco centavos giravam sem parar da Praça de Bolívar até a Avenida de Chile e passar dentro deles essas tardes de desolação que pareciam arrastar uma fila interminável de outros domingos vazios. A única coisa que fazia durante a viagem de círculos viciosos era ler livros de versos e versos e versos, à razão talvez de uma quadra de versos por

quadra da cidade, até que se acendiam as primeiras luzes na chuva eterna. Então recorria aos cafés taciturnos da cidade velha, em busca de alguém que fizesse a caridade de conversar comigo sobre os versos e versos e versos que eu acabava de ler.

Seu interesse pelo romance começou na noite em que leu A metamorfose, de Kafka. Hoje se lembra como chegou à pobre pensão de estudantes onde morava, no centro da cidade, com aquele livro que um colega acabava de lhe emprestar. Tirou o paletó e os sapatos, deitou-se na cama, abriu o livro e leu: "Quando Gregor Samsa acordou certa manhã, após um sono intranquilo, viu-se em sua cama transformado num monstruoso inseto." Gabriel fechou o livro, tremendo. "Merda", pensou, "então se pode fazer isso." No dia seguinte escreveu o seu primeiro conto. E se esqueceu dos estudos.

Naturalmente, seu pai não entenderia uma decisão tão heroica. O antigo telegrafista esperava que o filho conseguisse o que ele não pôde: obter um título universitário. Assim, ao saber que Gabriel descuidara dos estudos, começou a considerá-lo sombriamente como um caso perdido. Com mais benevolência e humor, os amigos de Gabriel o viam da mesma maneira. Malvestido, mal barbeado, perambulando pelos cafés com um livro debaixo do braço, dormindo e amanhecendo em qualquer lugar, dava a impressão de ser um sujeito à deriva. Agora, em vez de versos e versos e versos, lia romances, romances e mais romances: Dostoievski, em primeiro lugar; Tolstoi; Dickens; os franceses do século passado: Flaubert, Stendhal, Balzac, Zola.

Regressou à costa aos vinte anos de idade. Em Cartagena, uma velha cidade de balcões e estreitas ruas coloniais, encerrada dentro de soberbas muralhas, reencontrou a luz e o calor do Mar das Antilhas e trabalho na empoeirada redação de um jornal, El Universal, *como redator de notas. Sobrava-lhe tempo para escrever contos e beber rum com os amigos em tumultuadas tabernas portuárias, esperando a hora do amanhecer, quando escunas de contrabandistas carregadas de prostitutas zarpavam para as ilhas de Aruba e Curaçao.*

Coisa estranha, naquela cidade despreocupada e luminosa, que adora a dança, os reinados de beleza e as partidas de beisebol, teve um repentino coup de foudre *pelos gregos, principalmente por Sófocles, graças a um amigo de farras, hoje próspero advogado da alfândega, que os conhecia tão bem como a palma da mão. Fê-lo também conhecer Kierkegaard e Claudel.*

Depois dos gregos, houve uma descoberta capital na sua formação literária: os anglo-saxões deste século, muito especialmente Joyce, Virginia Woolf e William Faulkner. Descobriu-os graças a um grupo de loucos, de farristas descomunais, guiados pela literatura, que se tinha formado em Barranquilla, outra cidade da costa colombiana do Mar das Antilhas, onde foi morar depois de Cartagena.

Cidade extensa e industrial, que cresceu desordenadamente em meio à poeira e ao calor na foz do Rio Magdalena, Barranquilla não tem o encanto de Cartagena; nem o espelho azul da baía, nem muralhas, nem faróis, nem sacadas antigas, nem fantasma de marquesas, piratas e inquisidores em penumbrosas casas coloniais. É uma cidade de aluvião, franca e acolhedora, que recebeu gente de todos os lugares. Franceses evadidos de Caiena, que seguiram na fuga a mesma rota de Papillon; pilotos alemães derrotados na Primeira Guerra Mundial; judeus fugidos das perseguições nazistas; imigrantes da Itália meridional, sírio-libaneses e jordanianos, chegados ninguém sabe como, uma, duas ou três gerações atrás, foram fundadores de famílias hoje respeitáveis da cidade. Excetuando o fulgurante parêntese de um carnaval que uma vez por ano atira às ruas carroças cheias de flores e moças e ruidosos blocos vestidos com flamejantes trajes de cetim, é na indústria e no comércio que as pessoas queimam habitualmente as suas energias. Naquele mundo de atividades mercantis e diversões fáceis, as vocações literárias ou artísticas estão condenadas a uma alucinada marginalidade. Lá, mais que em qualquer outro lugar, escritores e pintores são os anticorpos do organismo social. Mas, estranho paradoxo, talvez por essa mesma desesperada situação marginal, os artistas surgem em Barranquilla com mais força que em Bogotá, uma cidade que desde a colônia tem arrogantes pretensões culturais.

Aquele grupo de farristas desmedidos, picados pela literatura, que Gabriel encontrou em Barranquilla por volta dos anos 1950, é hoje estudada muito seriamente nas universidades da Europa e dos Estados Unidos, por especialistas da literatura latino-americana. Para eles, García Márquez surge dessa pitoresca família literária, chamada "o Grupo de Barranquilla".

Seja válida ou não essa filiação tão estrita, o certo é que aquele grupo era um dos mais inquietos e mais bem informados do continente. Foi decisivo na formação de García Márquez. Composto de rapazes muito jovens, beberrões, exuberantes, desrespeitosos, tipicamente caraíbas e pitorescos como personagens de Pagnol, o grupo não levava a sério a si mesmo. Sólidos amigos entre si, liam muito naquele momento (Joyce, Virginia Woolf, Steinbeck, Caldwell, Dos Passos, Hemingway, Sherwood Anderson, Theodore Dreiser e o "velho", como chamavam Faulkner, sua paixão comum). Muito frequentemente amanheciam bebendo e falando de literatura em bordéis mitológicos, cheios de pássaros, de plantas e de mocinhas assustadas que se deitavam por fome, tal como ficaram descritos em Cem anos de solidão.

"Aquela foi para mim uma época de deslumbramento", lembra hoje García Márquez. "De descobertas também, não só da literatura, mas também da vida. Embebedávamo-nos até o amanhecer falando de literatura. Cada noite apareciam na conversa pelo menos dez livros que eu não tinha lido. E no dia seguinte, eles (seus amigos do grupo) me emprestavam. Tinham todos... Além disso, havia um amigo livreiro a quem ajudávamos a fazer os pedidos. Cada vez que chegava um caixote de livros de Buenos Aires, fazíamos uma festa. Eram os livros da Sudamericana, da Losada, da Sur, aquelas coisas magníficas traduzidas pelos amigos de Borges."

O tutor literário do grupo era D. Ramón Vinyes, exilado catalão, mais velho, que chegara anos atrás a Barranquilla, desalojado da sua terra natal pela derrota republicana e de Paris pela chegada dos nazistas. D. Ramón, que tinha pela literatura o mesmo respeito que um militar pelas armas, botou ordem naquele excesso de leituras. Deixava que Gabriel e seus amigos se internassem fascinados nos romances de Faulkner ou se extraviassem nas encruzilhadas abertas por Joyce, mas de tempos em tempos os chamava à ordem, recordando-lhes Homero.

Muito anos depois, Gabriel pagaria a sua dívida com o velho Vinyes, que iria morrer em Barcelona devorado pela saudade de Macondo: é o sábio catalão de Cem anos de solidão. *Na realidade, a Macondo das últimas páginas do livro já não é Aracataca, e sim Barranquilla, a daqueles tempos.*

Ainda bate em Gabriel certa saudade quando recorda sua vida deslumbrante e miserável de então. A Calle del Crímen, com os seus bares e prostíbulos; um bar, o Happy, que eles levaram à falência assinando vales, e mais outro, muito famoso, La Cueva, que reunia junto a um mesmo balcão caçadores, pescadores de sáveis e picados pela literatura. Bairros e noites que não acabavam nunca.

Lembra-se às vezes do hotel de prostitutas onde morava. Quando não tinha dinheiro para pagar o quarto por uma noite, deixava com o porteiro empenhados os originais do romance que estava escrevendo.

"Aquele hotel", conta ele hoje, "era muito grande e com quartos de tabiques de cartão, onde se escutava os segredos dos quartos vizinhos. Eu reconhecia as vozes de muitos funcionários do alto escalão do governo e me enternecia comprovar que a maioria não ia lá para fazer amor, mas sim para falar de si mesmo às suas companheiras fortuitas. Como eu era jornalista, meu horário de vida era o mesmo

*das putas, todos nos levantávamos ao meio-dia e nos reu-
níamos para tomar café juntos."*

Foi por aquela época que encontrou um trabalho como
vendedor de enciclopédias e livros de medicina nos povoados
da Goajira, a península de areais ardentes dos seus antepassados maternos. Não vendia nada, mas durante as noites de
solidão e muito calor, hospedado em hotéis de caminhoneiros
e caixeiros-viajantes, sua companhia mais fiel era uma dama
inglesa que adorava em segredo: Virginia Woolf.

Hoje ele afirma que Mrs. Dalloway lhe trouxe as pistas
para escrever o seu primeiro romance. De maneira consciente, deve ter sido isso. Mas, na realidade, nem só a aris-
tocrática e ao que parece virginal Sra. Woolf estava a seu
lado, quando se sentou à máquina para escrever O enterro
do diabo. Também estavam os outros autores que tinham
contribuído para a sua formação literária: os livros de Salgari
e Júlio Verne com que enganara a solidão do internato; os
poetas, os seus amados poetas, lidos nos bondes de vidraças
azuis que rodavam lentos nas assustadoras tardes do domingo bogotano; Kafka e os romancistas russos e franceses
descobertos na sua pensão de estudante; os gregos estudados
em Cartagena, a trinta graus à sombra; os norte-americanos
e ingleses que os amigos de Barranquilla lhe revelavam entre
duas garrafas de cerveja, em bares e bordéis.

Assim, quando regressou daquela viagem realizada com
sua mãe a Aracataca, não só tinha alguma coisa para dizer;
mas, à força de conviver com tantos autores, ao longo de
uma adolescência e de uma primeira juventude de solidão
e busca, sabia também como dizer.

LEITURAS E INFLUÊNCIAS

— Aviso a você que gosto dos livros não porque necessariamente os ache melhores, mas sim por motivos diversos nem sempre fáceis de explicar.

— Você sempre cita o *Édipo Rei*, de Sófocles.

— O *Édipo Rei*, o *Amadis de Gaula* e o *Lazarillo de Tormes, A Journal of The Plague Year*, de Daniel Defoe, *El primer viaje en torno al globo*, de Pigafetta.

— E também *Tarzan, o rei dos macacos*.

— De Burroughs, sim.

— E os autores que você relê de maneira mais constante?

— Conrad, Saint-Exupéry...

— Por que Conrad e Saint-Exupéry?

— A única razão pela qual se torna a ler um autor é porque se gosta dele. Ora, o que mais gosto em Conrad e em Saint-Exupéry é a única coisa que eles têm em comum: uma maneira de abordar a realidade de um modo enviesado, que a faz parecer poética, mesmo nos momentos em que poderia ser vulgar.

— Tolstoi?

— Não guardo nada dele, mas continuo acreditando que o melhor romance que já se escreveu é *Guerra e paz*.

— Nenhum dos críticos descobriu, entretanto, marca desses autores nos seus livros.

— Na realidade, sempre procurei não parecer com ninguém. Em vez de imitar, tento sempre fugir aos autores de que mais gosto.

— Entretanto, os críticos sempre viram na sua obra a sombra de Faulkner.

— É verdade. E tanto insistiram na influência de Faulkner que durante um certo tempo chegaram a me convencer. Isso não me aborrece, porque Faulkner é um dos grandes romancistas de todos os tempos. Mas acho que os críticos estabelecem as influências de uma maneira que não chego a compreender. No caso de Faulkner, as analogias são mais geográficas que literárias. Descobri-as muito depois de ter escrito os meus primeiros romances, viajando pelo sul dos Estados Unidos. Os povoados ardentes e cheios de poeira, as pessoas sem esperança que encontrei naquela viagem pareciam muito com as que eu evocava nos meus contos. Talvez não se tratasse de uma semelhança casual, porque Aracataca, o povoado onde vivi em criança, foi construído em boa parte por uma companhia norte-americana, a United Fruit.

— Dir-se-ia que as analogias vão mais longe. Há um parentesco, uma certa linha de filiação entre o Coronel Sartoris e o seu Coronel Aureliano Buendía, entre Macondo e o condado de Yoknapatawpha. Existem algumas mulheres de temperamento férreo e talvez alguns adjetivos que trazem a marca de fábrica... Ao se esquivar de Faulkner como influência determinante, não estará cometendo um parricídio?

— Talvez. Por isso disse que o meu problema não foi imitar Faulkner, mas sim destruí-lo. Sua influência me mantinha chateado.

— Com Virginia Woolf acontece exatamente o contrário: ninguém, exceto você, fala dessa influência. Onde está?

— Eu seria um autor diferente do que sou se aos vinte anos não tivesse lido essa frase de *Mrs. Dalloway*: "Mas não havia dúvida de que dentro (do carro) se sentava alguma coisa grande: grandeza que passava, escondida, ao alcance das mãos vulgares que pela primeira e pela última vez se encontravam tão próximo da majestade da Inglaterra, do perdurável símbolo do Estado que os diligentes arqueólogos haveriam de identificar nas escavações das ruínas do tempo, quando Londres não fosse mais que um caminho coberto de mato, e quando as pessoas que andavam pelas suas ruas naquela manhã de quarta-feira fossem apenas um monte de ossos com algumas alianças de casamento, revolvidos na sua própria poeira e nas obturações de inúmeros dentes cariados." Lembro-me de ter lido essa frase enquanto espantava mosquitos e delirava de calor num quartinho de hotel, na época em que vendia enciclopédias e livros de medicina na Goajira colombiana.

— Por que fez tanto efeito em você?

— Porque transformou completamente o meu senso do tempo. Talvez me tenha permitido vislumbrar num instante todo o processo de decomposição de Macondo e o seu destino final. Pergunto-me, além disso, se não seria a origem remota de *O outono do patriarca,* que é um livro sobre o enigma humano do poder, sobre a sua solidão e a sua miséria.

— A lista de influências deve ser mais ampla. A quem omitimos?

— Sófocles, Rimbaud, Kafka, a poesia espanhola do Século de Ouro e a música de câmara de Schumann até Bartók.

— Devemos acrescentar alguma coisa de Greene e algumas gotas de Hemingway? Quando você era jovem, eu o via lendo-os com muita atenção. Há um conto seu, *A sesta da terça-feira* (o melhor que já escreveu, diz você) que deve muito a *A Canary for One,* de Hemingway.

— Graham Greene e Hemingway me trouxeram ensinamentos de caráter puramente técnico. São valores de superfície, que sempre reconheci. Mas para mim uma influência real e importante é a de um autor cuja leitura afeta a gente em profundidade, a ponto de modificar certas noções que se tenha do mundo e da vida.

— Voltando às influências profundas. Ou melhor, secretas. E a poesia? Talvez, quando rapaz, quisesse ser poeta, mas isso você não vai confessar nunca... Embora, naturalmente, você tenha reconhecido que a sua formação foi essencialmente poética.

— Sim, comecei a me interessar pela literatura através da poesia. Da poesia ruim. Poesia popular, dessa que se publica em almanaques e folhetos. Nos manuais de castelhano do colégio, descobri que gostava tanto de poesia quanto detestava a gramática. Os românticos espanhóis me encantavam: Núnez de Arce, Espronceda.

— Onde os lia?

— Em Zipaquirá, que, como você sabe, é o mesmo povoado lúgubre, a mil quilômetros do mar, onde Aureliano Segundo foi buscar Fernanda del Carpio. Lá, no colégio onde estava interno, começou a minha formação literária, lendo por um lado poesia ruim e por outros livros marxistas que me emprestava às escondidas o professor de história. Aos domingos não tinha nada para fazer e, para não me aborrecer, enfiava-me na biblioteca do colégio. Comecei, pois, com a poesia ruim antes de descobrir a boa. Rimbaud, Valéry...

— Neruda...

— Neruda, naturalmente, que considero o grande poeta do século XX em todos os idiomas. Inclusive quando se metia em ruelas difíceis... sua poesia política, sua poesia de guerra... havia sempre na sua poesia uma grande qualidade. Neruda, já disse outras vezes, era uma espécie de Rei Midas, tudo o que tocava se transformava em poesia.

— Quando você começou a se interessar pelo romance?

— Mais tarde. Quando estava na universidade, no primeiro ano de Direito (devia ter uns dezenove anos) e li *A metamorfose*. Já falamos daquela revelação. Lembro-me da primeira frase: "Quando Gregor Samsa acordou certa manhã, após um sono intranquilo, viu-se na cama transformado num enorme inseto." Porra, pensei, era assim que a minha avó falava. Foi então que o romance começou a me interessar e que decidi ler todos os romances importantes que tivessem sido escritos desde o começo da humanidade.

— Todos?

— Todos, começando pela Bíblia, que é um livro porreta, onde acontecem coisas fantásticas. Larguei tudo, inclusive o meu curso de Direito, e me dediquei inteiramente a ler romances. A ler romances e a escrever.

— Em qual dos seus livros você acha que se observa mais a sua formação poética?

— Talvez em *O outono do patriarca*.

— Que você definiu como um poema em prosa.

— Que eu trabalhei como se fosse um poema em prosa. Você percebeu que existem ali versos inteiros de Rubén Darío? *O outono do patriarca* está cheio de piscadelas aos conhecedores de Rubén Darío. Inclusive ele é um personagem do livro. E há um verso seu, citado por descuido de um poema seu, em prosa, que diz: *"Había una cifra en tu blanco pañuelo, roja cifra de un nombre que no era el tuyo, mi dueño."*

— Além de romance e de poesia, o que você lê?

— Muitos livros que não se distinguem pela sua importância literária, mas sim documental: memórias de personagens célebres, embora sejam mentiras. Biografias e reportagens.

— Façamos outra lista. Você gostou muito, lembro, daquela biografia do Cordobés, de Dominique Lapierre e Larry Collins, *O llevarás luto por mí. Chacal.* Até *Papillon*...

— Que é um livro apaixonante sem nenhum valor literário. Devia ser reescrito por um bom escritor a quem interessasse dar a sensação de que o livro é de um principiante.

— Falemos de influências extraliterárias. Influências que foram decisivas na sua obra. Sua avó, por exemplo.

— Como já disse a você, era uma mulher imaginativa e supersticiosa, que me aterrorizava noite após noite com as suas histórias de além-túmulo.

— E o seu avô?

— Quando eu tinha oito anos, relatou-me os episódios de todas as guerras de que tinha participado. Nos mais importantes personagens masculinos dos meus livros há muito dele.

— Suponho que os seus avós são representantes de uma influência mais vasta e profunda. Refiro-me à região da costa colombiana do Mar das Antilhas, onde você nasceu. Evidentemente, há ali uma soberba tradição do relato oral, que está presente inclusive nas canções, os *vallenatos*. Sempre contam uma história. Na realidade, lá todo mundo sabe narrar histórias. Sua mãe, por exemplo, D. Luisa. Lembro-me de tê-la ouvido falar de uma comadre sua, que passeava todas as noites pelo pátio da casa, penteando-se. Naturalmente, tinha morrido dez anos antes... Mas continuava passeando pelo pátio. De onde sai essa capacidade de narrar coisas tão extraordinárias, tão... mágicas?

— Meus avós eram descendentes de galegos e muitas das coisas sobrenaturais que me contavam provinham da Galícia. Mas acho que esse gosto pelo sobrenatural próprio dos galegos é também uma herança africana. A costa caraíba da Colômbia onde nasci é, com o Brasil, a região da América Latina onde mais se sente a influência da África. Nesse sentido, a viagem que fiz por Angola em 1978 foi uma das experiências mais fascinantes que tive. Acho que dividiu a minha vida pela metade. Esperava me encontrar num mundo estranho, totalmente estranho, e a partir do momento em que pus os pés lá, a partir do próprio momento em que cheirei o ar, encontrei-me de repente no mundo da minha infância. Sim, encontrei toda a minha infância, costumes e coisas que eu tinha esquecido. Voltei a ter, inclusive, os pesadelos que tinha em criança.

"Na América Latina, ensinaram-nos que somos espanhóis. É verdade, em parte, porque o elemento espanhol faz parte da nossa própria personalidade cultural e não pode ser negado. Mas naquela viagem a Angola descobri que também éramos africanos. Ou melhor, que éramos mestiços. Que a nossa cultura era mestiça, enriquecia-se com diversas contribuições. Nunca, até então, eu tinha tido consciência disso.

"Na região onde nasci, há formas culturais de raízes africanas muito diferentes das da zona do planalto, onde se manifestaram culturas indígenas. No Mar das Antilhas, ao qual pertenço, misturou-se a imaginação transbordante dos escravos negros africanos com a dos nativos pré-colombianos e depois com a fantasia dos andaluzes e com o culto dos galegos pelo sobrenatural. Essa aptidão para ver a realidade de certa maneira mágica é própria do

Mar das Antilhas e também do Brasil. Daí surgiram uma literatura, uma música e uma pintura como as de Wilfredo Lam, que são expressão estética dessa região do mundo."

— Em suma, a influência mais forte que você recebeu, mais forte que qualquer outra adquirida na sua formação literária, é a que provém da sua identidade, cultural e geográfica. A do Mar das Antilhas. É o seu mundo e o mundo que você expressa. Como se traduz essa influência nos seus livros?

— Acho que o Mar das Antilhas me ensinou a ver a realidade de outra maneira, a aceitar os elementos sobrenaturais como alguma coisa que faz parte da nossa vida cotidiana. O Mar das Antilhas é um mundo diferente cuja primeira obra de literatura mágica é o *Diário de Cristóvão Colombo,* livro que fala de plantas fabulosas e de mundos mitológicos. Sim, a história do Mar das Antilhas está cheia de magia, uma magia trazida pelos escravos negros da África, mas também pelos piratas suecos, holandeses e ingleses, que eram capazes de montar um teatro de ópera em Nova Orleans e de encher de diamantes as dentaduras das mulheres. A síntese humana e os contrastes que há no Mar das Antilhas não se veem em outro lugar do mundo. Conheço todas as suas ilhas: mulatas cor de mel, com olhos verdes e lenços dourados na cabeça; chineses cruzados com índios que lavam roupa e vendem amuletos; hindus verdes que saem das suas lojas de marfins para cagar no meio da rua; povoados empoeirados e ardentes cujas casas são desbaratadas pelos ciclones e, por outro lado, arranha-céus de vidros contra o sol e um mar de sete cores. Bom, se começo a falar do Mar das Antilhas não há jeito de parar. Não só é o mundo que me ensinou a escrever mas também a única região onde não me sinto estrangeiro.

A OBRA

— Você acredita nisso realmente?

— Sim, acredito: em geral, um escritor só escreve um único livro, embora esse livro apareça em muitos tomos, com títulos diversos. É o caso de Balzac, de Conrad, de Melville, de Kafka e, naturalmente, de Faulkner. Às vezes um desses livros se destaca em relação aos outros, tanto que o autor aparece como autor de uma obra, ou de uma obra primordial. Quem se lembra dos relatos curtos de Cervantes? Quem se lembra, por exemplo, de *El licenciado vidreira*, que ainda se lê com tanto prazer como qualquer uma das suas melhores páginas? Na América Latina, Rómulo Gallegos é conhecido por *Doña Bárbara*, que não é a sua melhor obra. E Asturias por *O Senhor Presidente*, muito inferior a *Leyendas de Guatemala*.

— Se cada escritor só faz escrever a vida inteira um único livro, qual seria o seu? O livro de Macondo?

— Você sabe que não é isso. Só dois dos meus romances, *O enterro do diabo* e *Cem anos de solidão*, e alguns contos publicados em *Os funerais da mamãe grande* acontecem em Macondo. Os outros, *Ninguém escreve ao coronel, O veneno da madrugada* e *Crônica de uma morte anunciada*, têm por cenário outro povoado da costa colombiana.

— Um povoado sem trem nem cheiro de banana.

— ... mas com um rio. Um povoado ao qual só se chega por lancha.

— Se não é o livro de Macondo, qual seria esse livro único seu?

— O livro da solidão. Veja bem, o personagem central de *O enterro do diabo* é um homem que vive e morre na mais absoluta solidão. A solidão está também no personagem de *Ninguém escreve ao coronel*. O coronel, com sua mulher e seu galo, esperando toda sexta-feira uma pensão que nunca chega. E está no prefeito de *O veneno da madrugada*, que não consegue ganhar a confiança do povo e experimenta, à sua maneira, a solidão do poder.

— Como Aureliano Buendía e o Patriarca.

— Exatamente. A solidão é o tema de *O outono do patriarca* e obviamente de *Cem anos de solidão*.

— Se a solidão é o tema dominante de todos os seus livros, onde se deveria procurar a raiz desse sentimento dominante? Talvez na sua infância?

— Acho que é um problema de todo mundo. Cada um tem as suas maneiras e os seus meios de expressar isso. Muitos escritores, alguns sem perceber, não fazem outra coisa senão expressar isso na sua obra. Eu entre eles. Você não?

— Eu também. O seu primeiro livro, *O enterro do diabo,* já contém a semente de *Cem anos de solidão.* Como julga hoje o rapaz que escreveu aquele livro?

— Com um pouco de compaixão, porque o escreveu com pressa, pensando que não ia mais escrever na vida, que aquela era a sua única oportunidade e então tentava botar naquele livro tudo o que tinha aprendido até então. Em especial, recursos e truques literários tirados dos romancistas norte-americanos e ingleses que estava lendo.

— Virginia Woolf, Joyce; Faulkner, sem dúvida. Certamente, a técnica de *O enterro do diabo* parece muito com a de *As I Lay Down* de Faulkner.

— Não é exatamente a mesma. Utilizo três pontos de vista perfeitamente identificáveis, sem dar nomes: o de um velho, de um menino e de uma mulher. Se você prestar atenção, *O enterro do diabo* tem a mesma técnica e o mesmo tema (pontos de vista em torno de um morto) de *O outono do patriarca.* Só que em *O enterro do diabo* eu não me atrevia a me soltar, os monólogos estão rigorosamente sistematizados. Em *O outono do patriarca,* em compensação, os monólogos são múltiplos, às vezes dentro de uma mesma frase. Já nesse livro sou capaz de voar sozinho e fazer o que me dá vontade.

— Voltemos ao rapaz que escreveu *O enterro do diabo.* Você tinha vinte anos.

— Vinte e dois.

— Vinte e dois anos, morava em Barranquilla e escreveu o romance, se me lembro bem, trabalhando depois que todo mundo tinha ido embora, muito tarde da noite, na sala de redação de um jornal.

— De *El Heraldo*.

— Sim, conheci aquela sala de redação: luzes de neon, ventiladores de pás; muito calor, sempre. Lá fora havia uma rua cheia de bares de má fama. A Calle del Crímen não é chamada assim até hoje?

— Calle del Crímen, claro. Eu morava lá, em hotéis de passagem que são os mesmos hotéis das putas. O quarto custava um peso e cinquenta por noite. *El Heraldo* pagava-me três pesos por coluna e às vezes mais três pelo editorial. Quando não tinha o peso e cinquenta para pagar o quarto, deixava em depósito, com o porteiro do hotel, os originais de *O enterro do diabo*. Ele sabia que eram para mim papéis muito importantes. Muito tempo depois, quando já tinha escrito *Cem anos de solidão*, entre as pessoas que se aproximavam para me cumprimentar ou para me pedir autógrafos, descobri aquele porteiro. Lembrava-se de tudo.

— Você teve dificuldades para editar *O enterro do diabo*?

— Levei cinco anos para encontrar um editor. Mandei-o para Editorial Losada (na Argentina) e me devolveram com uma carta do crítico espanhol Guillermo de Torre, que me aconselhava a me dedicar a outra coisa, mas reconhecia em mim alguma coisa que agora me enche de satisfação: um apreciável senso poético.

— Acho que ouvi você dizer que alguma coisa similar lhe aconteceu na França. Se não me engano, foi com Roger Caillois?

— *Ninguém escreve ao coronel* foi oferecido à Gallimard, muito tempo antes de *Cem anos*... Houve dois leitores: Juan Goytisolo e Roger Caillois. O primeiro, que ainda não era o meu bom amigo que é hoje, fez uma excelente nota de leitura; Caillois, em compensação, recusou o livro claramente. Tive que escrever *Cem anos*... para que a Gallimard tornasse a se interessar por um livro meu. Mas a minha agente já tinha outros compromissos na França.

— Depois de *O enterro do diabo* e antes de *Cem anos de solidão (Ninguém escreve ao coronel, O veneno da madrugada* e *Os funerais da mamãe grande)* seus romances e contos se tornam de repente realistas, sóbrios, muito rigorosos na linguagem e na construção e sem nenhuma magia nem exagero. Como se explica essa mudança?

— Quando escrevi *O enterro do diabo* já tinha a convicção de que todo bom romance devia ser uma transposição poética da realidade. Mas aquele livro, como você se lembra, apareceu num momento em que a Colômbia vivia uma época de perseguições políticas sangrentas e os meus amigos militantes me criaram um terrível complexo de culpa. "É um romance que não denuncia, que não desmascara nada", disseram. Esse conceito vejo hoje como muito simplista e equivocado, mas naquele momento me levou a pensar que eu devia me ocupar da realidade imediata do país, afastando-me um pouco das minhas ideias literárias iniciais, que por sorte acabei recuperando. Corri, entretanto, um sério risco de quebrar a cara.

"Ninguém escreve ao coronel, O veneno da madrugada e muitos contos de *Os funerais da mamãe grande* são li-

vros inspirados na realidade da Colômbia e sua estrutura racionalista é determinada pela natureza do tema. Não me arrependo de tê-los escrito, mas constituem um tipo de literatura premeditada, que oferece uma visão um tanto estática e excludente da realidade. Por melhores ou piores que pareçam, são livros que acabam na última página. São mais estreitos do que me acredito capaz de fazer."

— O que fez você mudar de rumo?

— A reflexão sobre o meu próprio trabalho. Uma longa reflexão, para compreender finalmente que o meu compromisso não era com a realidade política e social do meu país, mas sim com toda a realidade deste mundo e do outro, sem preterir nem menosprezar nenhum dos seus aspectos.

— Isso significa que você impugnou, através da sua própria experiência, a famosa literatura comprometida, que tantos estragos causou na América Latina.

— Como você sabe muito bem, nas minhas opções políticas pessoais sou um homem comprometido, politicamente comprometido.

— Com o socialismo...

— Quero que o mundo seja socialista e acredito que mais cedo ou mais tarde será. Mas tenho muitas reservas quanto ao que entre nós se deu em chamar literatura comprometida, ou mais exatamente o romance social, que é o ponto culminante dessa literatura, porque me parece que a sua visão limitada do mundo e da vida não serviu, politicamente falando, de nada. Longe de apressar um processo de tomada de consciência, o retarda. Os latino-americanos esperam de um romance alguma coisa além da revelação de opressões e injustiças que conhecem de sobra. Muitos amigos militantes que se sentem frequentemente obrigados a ditar normas aos escritores quanto ao que se deve ou não se deve escrever, assumem, talvez sem perceber, uma posição reacionária, na medida em que estão impondo restrições à liberdade de criação. Acho que um romance de amor é tão válido quanto qualquer outro. Na realidade, o dever de um escritor, e o dever revolucionário, se quisermos, é o de escrever bem.

— Liberado do compromisso com uma realidade política imediata, como chegou a encontrar esse outro tratamento, digamos mítico da realidade, que o permitiu escrever *Cem anos de solidão?*

— Talvez, conforme já disse a você, a pista me tenha sido dada pelos relatos da minha avó. Para ela, os mitos, as lendas, as crenças das pessoas faziam parte, e de maneira muito natural, da sua vida cotidiana. Pensando nela, percebi de repente que não estava inventando nada, mas simplesmente captando e me referindo a um mundo de presságios, de terapias, de premonições, de superstições, se você quiser, que era muito nosso, muito latino-americano. Lembre-se, por exemplo, daqueles homens que no nosso país conseguem tirar pela orelha, rezando orações, os vermes de uma vaca. Toda a nossa vida diária, na América Latina, está cheia de casos como esse.

"De modo que o achado que me permitiu escrever *Cem anos de solidão* foi simplesmente o de uma realidade, a nossa, observada sem as limitações que os racionalistas e os stalinistas de todos os tempos tentaram impor para dar menos trabalho entendê-la."

— E a falta de medida, a falta de medida que aparece em *Cem anos de solidão,* em *O outono do patriarca* e nos seus últimos contos, estaria também na realidade ou é uma fabricação literária?

— Não, a falta de medida faz parte também da nossa realidade. A nossa realidade é desmedida e frequentemente traz a nós, escritores, problemas muito sérios, que são os da insuficiência das palavras. Quando falamos de um rio, o maior que um leitor europeu pode imaginar é o Danúbio, que tem dois mil setecentos e noventa quilômetros de comprimento. Como poderia imaginar o Amazonas que, em certos pontos, é tão largo que de uma margem não se vê a outra? A palavra tempestade sugere uma coisa ao leitor europeu e outra a nós, e o mesmo acontece com a palavra chuva, que nada tem a ver com os dilúvios torrenciais do trópico. Os rios de águas ferventes, as tormentas que fazem estremecer a terra e os ciclones que levam as casas pelos ares não são coisas inventadas, mas sim dimensões da natureza que existem no nosso mundo.

— Bem, você descobriu os mitos, a magia, a falta de medida, tudo isso tirado da nossa realidade. E a linguagem? Em *Cem anos de solidão,* a linguagem tem um brilho, uma riqueza e uma profusão que não está nos seus livros anteriores, com exceção do conto de *Os funerais da mamãe grande.*

— Posso parecer presunçoso, mas na realidade eu dominava essa linguagem muito antes, talvez desde que comecei a escrever. O que acontece é que não tinha precisado dela.

— Você acredita realmente que um escritor pode mudar de um livro para o outro de linguagem, tal como uma pessoa muda de um dia para o outro de camisa? Não acha que a linguagem faz parte da identidade de um escritor?

— Não, acredito que a técnica e a linguagem são instrumentos determinados pelo tema de um livro. A linguagem utilizada em *Ninguém escreve ao coronel,* em *O veneno da madrugada* e em vários dos contos de *Os funerais da mamãe grande* é concisa, sóbria, dominada por uma preocupação de eficácia, tirada do jornalismo. Em *Cem anos de solidão,* precisava de uma linguagem mais rica para dar entrada a essa outra realidade, que convencionamos chamar mítica ou mágica.

— E em *O outono do patriarca?*

— Tive também necessidade de procurar outra linguagem, desembaraçando-me da de *Cem anos de solidão.*

— *O outono do patriarca* é um poema em prosa. Foi influenciado pela sua formação poética?

— Não, foi essencialmente pela música. Nunca escutei tanta música como quando o estava escrevendo.

— Que música, de preferência?

— Nesse caso concreto, Béla Bartók e toda a música popular do Mar das Antilhas. A mistura tinha que ser, irremediavelmente, explosiva.

— Você disse também que há nesse livro muitas alusões ou expressões que correspondem à linguagem popular.

— É verdade. Do ponto de vista da linguagem, *O outono do patriarca* é de todos os meus romances o mais popular, o que está mais próximo de temas, frases, canções e refrões da área do Mar das Antilhas. Tem frases que só poderiam ser entendidas pelos motoristas de Barranquilla.

— Como você vê a sua obra, retrospectivamente? Os seus primeiros livros, por exemplo.

— Já lhe disse: com uma ternura um pouco paternal. Como a gente se lembra dos filhos que agora cresceram e se afastam de casa. Vejo esses primeiros livros remotos e desamparados. Lembro-me de todos os problemas que traziam para o rapaz que os escreveu.

— Problemas que hoje você resolveria muito facilmente.

— Sim, problemas que hoje não seriam problemas.

— Existe um fio de ligação entre esses primeiros livros e os que depois o fariam conhecido mundialmente?

— Existe. E sinto a necessidade de saber que está aí dentro e até mesmo de vigiá-lo.

— Qual é, da sua obra inteira, o livro mais importante?

— Literariamente falando, o trabalho mais importante, o que pode me salvar do esquecimento, é *O outono do patriarca*.

— Você disse também que foi o que o fez mais feliz ao escrever. Por quê?

— Porque é o livro que eu sempre quis escrever e, além disso, aquele em que levei mais longe as minhas confissões pessoais.

— Devidamente codificadas, claro.

— Claro.

— Foi o livro que você levou mais tempo para escrever.

— Dezessete anos, no total. E duas versões abandonadas, antes de encontrar a que era certa.

— É então o seu melhor livro?

— Antes de escrever a *Crônica de uma morte anunciada*, afirmei que o meu melhor romance era *Ninguém escreve ao coronel*. Escrevi-o nove vezes e me parecia a mais invulnerável das minhas obras.

— Mas você considera ainda melhor a *Crônica de uma morte anunciada*?

— Sim.

— Em que sentido você diz isso?

— No sentido de que consegui com ela fazer exatamente o que eu queria. Nunca tinha acontecido isso comigo antes. Em outros livros, o tema me levou, os personagens ganharam às vezes vida própria e fizeram o que tinham vontade.

— É uma das coisas mais extraordinárias da criação literária...

— Mas eu precisava escrever um livro sobre o qual pudesse exercer um controle rigoroso e acredito ter conseguido isso com a *Crônica de uma morte anunciada*. O tema tem a estrutura precisa de um romance policial.

— É curioso: você nunca cita entre os seus melhores livros *Cem anos de solidão*, livro que muitos críticos consideram insuperável. Tem por ele tanto rancor assim?

— Tenho, sim. Esteve a ponto de me arrasar a vida. Depois de publicado, nada foi igual a antes.

— Por quê?

— Porque a fama perturba o senso da realidade, talvez quase tanto quanto o poder, e além disso é uma ameaça constante à vida privada. Infelizmente, ninguém acredita nisso enquanto não sofre na pele.

— Talvez o sucesso conseguido com ele não lhe pareça justo em relação ao resto da sua obra.

— Não é. Como dizia a você há um momento atrás, *O outono do patriarca* é um trabalho literário mais importante. Mas fala da solidão do poder e não da solidão da vida cotidiana. O que se conta em *Cem anos de solidão* parece com a vida de todo mundo. Está escrito, aliás, de uma maneira simples, fluida, linear, e eu diria (e já o disse) superficial.

— Você parece desprezá-lo.

— Não, mas o fato de saber que está escrito com todos os truques da vida e com todos os truques do ofício fez-me pensar, desde antes de escrevê-lo, que poderia superá-lo.

— Derrotá-lo.

— Derrotá-lo, sim.

A ESPERA

Aquele primeiro livro ele o escreveu de uma assentada, com um silencioso frenesi, trabalhando noite após noite na deserta redação de El Heraldo *de Barranquilla, na hora em que calavam as linotipos e no térreo se ouvia o lamuriento resfolegar de uma rotativa. Sobre as mesas vazias, giravam, inúteis para apaziguar o calor, as pás dos ventiladores. Longe, os bares da Calle del Crímen enviavam sua música de subúrbio. Era muito tarde, quase o amanhecer, quando se levantava da máquina de escrever, esgotado, mas ainda sem sono, e com personagens e lembranças de Macondo girando na cabeça. Punha numa capa de couro as folhas recém-escritas e saía. Lá fora, respirava-se aquela cálida fragrância de pântanos, de frutas podres, que é o cheiro habitual da cidade. Na porta de algum bar, cambaleava um bêbado. Com os originais debaixo do braço, Gabriel atravessava a Plaza de San Nicolás, naquela hora abandonada a mendigos e detritos, rumo ao hotel de prostitutas, em cima dos cartórios, onde toda noite, por um peso e cinquenta* centavos, aguardava-o um quarto diferente, que sempre continha apenas uma cama entre quatro tabiques de cartão. Nessa atmosfera nasceu o seu primeiro romance. *Livro intenso, que já contém toda a desolação de Macondo e a saudade dos sem tempos passados,* O enterro do diabo *poderia, com todo o direito, tê-lo feito conhecido na América Latina. Mas não aconteceu isso. O reconhecimento, a fama ou como se quiser chamar a gratificação a que todo escritor tem direito depois de ter escrito um bom livro, ou quatro bons livros, como foi o seu caso, só chegou muitos anos mais tarde, quando, para sua surpresa, o quinto dos seus livros,* Cem anos de solidão, *começou a ser vendido — primeiro em Buenos Aires, depois na América Latina e por fim no mundo — como cachorro-quente.*

Mas a espera foi dura, paciente, assumida talvez com certo desdém, mas secretamente assediada pela incerteza e naturalmente pelos problemas. O enterro do diabo *demorou cinco anos para ser publicado. Os poucos editores a quem o livro foi oferecido não demonstraram nenhum interesse por ele. Leitor da Editorial Losada, o crítico espanhol Guillermo de Torre o recusou em Buenos Aires com uma nota áspera: salvo certo clima poético, não reconhecia no romance qualquer validade. Inclusive se permitia recomendar piedosamente ao seu autor que se dedicasse a outro ofício. Gabriel, que então trabalhava como repórter do jornal* El Espectador, *de Bogotá, acabou editando* O enterro do diabo *por sua própria conta, ajudado por alguns amigos, numa modesta gráfica de Bogotá.*

O livro, é verdade, teve uma boa critica local, mas sua repercussão foi menor que a obtida pelas reportagens que Gabriel escrevia em El Espectador. *A odisseia vivida por um náufrago ou a vida de um ciclista campeão, narradas em capítulos sucessivos, esgotavam edições do jornal.*

Quando El Espectador *o enviou como correspondente à Europa, Gabriel era um jornalista muito conhecido no seu país, mas ainda continuava sendo um escritor marginal. Para a dona do hotel de Flandre, da Rue Cujas, onde chegou naquele inverno de 1955, Gabriel seria então, e continua sendo ainda, quando é visto fotografado nos jornais,* le journaliste du septième étage.

Encontrei-o por aquela época. Como escrevi uma vez, era então um Peixes desamparado (hoje o sólido ascendente Touro assumiu o controle da sua vida), guiado apenas pelo radar das suas premonições. Magro, com um rosto de argelino que provocava desconfiança imediata dos guardas e confundia os próprios argelinos (paravam às vezes para falar com ele em árabe em pleno Boul Nich), fumava três maços de cigarros por dia, enquanto tentava abrir seu caminho, sem conhecer o idioma, naquele oceano de pedras e brumas que era Paris. Era a época da guerra da Argélia, a época das primeiras canções de Brassens e dos namorados que se beijavam desesperadamente nos metrôs e nas portas. Ainda, antes de Budapeste, via-se politicamente o mundo como um filme do Oeste, com os bons de um lado, o lado do socialismo, e os maus do outro.

Voltamos recentemente àquela mansarda onde morava, na Rue Cujas. A janela dá para os telhados do Bairro

Latino; ouve-se ainda o relógio da Sorbonne dando as horas, porém não mais o pregão dolente de um vendedor de alcachofras que subia a rua todas as manhãs. Com os joelhos grudados ao aquecedor da calefação e, pregado na parede com um alfinete, o retrato da sua namorada Mercedes ao alcance da vista, Gabriel escrevia todas as noites, até o amanhecer, um romance que depois seria O veneno da madrugada. *Mal começado, precisou interrompê-lo: um personagem, o de um velho coronel que aguarda inutilmente a sua pensão de veterano da guerra civil, exigia o seu próprio âmbito, um livro. Escreveu-o.* Escreveu Ninguém escreve ao coronel *em parte para limpar o caminho de* O veneno da madrugada *e em parte também para exorcizar literariamente as suas angústias cotidianas de então: também ele, como o seu personagem, não sabia como ia comer no dia seguinte e aguardava sempre uma carta, uma carta com dinheiro que não chegava nunca.*

Seus problemas econômicos tinham começado com uma notícia de três linhas publicada no Le Monde, *que lemos em tempo num café da Rua des Écoles: Rojas Pinilla, o ditador que então governava a Colômbia, fechara* El Espectador, *o jornal do qual Gabriel era correspondente em Paris. "Não é grave", disse ele. Mas era. As cartas nunca mais tornaram a trazer os cheques e um mês depois, não tinha como pagar o hotel. Brassens continuava cantando as suas canções e os jovens namorados continuavam se beijando nos metrôs, mas Paris já não era a mesma dos primeiros dias, e sim a cidade amarga e dura que tantos latino-americanos conheceram, de quartos gelados e suéteres furados, onde uma* comida quente e um lugar junto ao fogo têm um pouco de atrevido e inesperado esplendor.

A pobreza de Barranquilla tinha o seu lado pitoresco e era em todo caso relativa: havia amigos por todos os lados; o governador lhe enviava o próprio carro ao hotel onde dormia, para a surpresa do porteiro e das prostitutas. O Mar das Antilhas é humano. "Onde comem dois, comem três", lá se diz. Paris, em compensação, tem o coração duro para a miséria. Gabriel compreendeu isso muito bem no dia em que teve que pedir uma moeda no metrô. Deram. Mas o homem que a pôs na sua mão, com ar de mau humor, não quis ouvir as suas explicações.

Gabriel disse uma vez que de cada cidade onde viveu guarda uma imagem mais durável que todas as outras. A de Paris é triste: "Tinha sido uma noite muito longa, pois não consegui onde dormir, e a passei cabeceando nos bancos, esquentando-me no vapor providencial das grades do metrô, iludindo os guardas que me incomodavam imediatamente porque me confundiam com um argelino. De repente, ao amanhecer, acabou-se o cheiro de couve-flor fervida, o Sena parou, e eu era o único ser vivo entre a névoa luminosa de uma terça-feira de outono numa cidade desocupada. Então aconteceu: quando atravessava a ponte de Saint-Michel, ouvi os passos de um homem, vislumbrei dentre a névoa o capote escuro, as mãos no bolsos, o cabelo acabado de pentear; e no instante em que nos cruzamos na ponte, vi seu rosto ossudo e pálido por uma fração de segundo: estava chorando."

Filho dessa época é Ninguém escreve ao coronel, *seu segundo livro. Este também não lhe abriu nenhuma porta. Lembro-me de ter tido durante longo tempo uma cópia do original, em folhas amarelas. Mostrei-o a pessoas que poderiam ter facilitado a sua publicação, mas elas pareciam não perceber as suas qualidades literárias.*

Quando, depois de anos em Paris, trabalhamos em Caracas como jornalistas, Gabriel continuava escrevendo de noite, nas suas horas livres. Agora eram os contos de Os funerais da mamãe grande. *Ninguém descobriu o bom escritor que já era por trás do repórter de revistas, chegando um pouco ao acaso. Cidade cheia de imigrantes, ainda sem alma por trás dos seus edifícios de vidro e das suas autopistas de concreto, onde o sucesso se mede em milhões de bolívares, Caracas não tem tempo para reconhecer talentos que não venham consagrados de antemão. Desmedida e generosa com o García Márquez de hoje, nem sequer percebeu sua existência, quando era um jornalista magro e inquieto de trinta anos, que escrevia excelentes reportagens e enviava, sem sorte, os seus contos para os concursos locais.*

A espera prosseguiria depois em Bogotá. Continuava escrevendo de noite (agora era O veneno da madrugada), *enquanto dirigia comigo a sucursal da agência de notícias* Prensa Latina. Ninguém escreve ao coronel *foi publicado numa revista literária, sem que seus diretores pedissem previamente a sua autorização ou lhe pagassem quaisquer direitos: pensavam, de boa-fé, que era um reconhecimento generoso publicar um original desdenhado pelos editores. A crítica local foi naturalmente favorável a* Ninguém escreve ao coronel, *como o seria depois em relação a* O veneno da madrugada, *romance que ganhou um prêmio nacional patrocinado pela empresa de petróleo Esso Colombiana.*

Mas se tratava, enfim, de sucessos modestos. As tiragens eram escassas, os direitos de autor ínfimos e a difusão de tais livros puramente local. Ninguém conhecia García Márquez fora da Colômbia. Inclusive dentro do país, exceção feita aos seus amigos próximos, era apreciado como expoente valioso de uma literatura regional, mas ainda não como um escritor de grande porte. A elite de Bogotá, que tende a julgar as pessoas pelos sobrenomes e pela roupa que veste, ainda não fazia vista grossa para a sua origem provinciana, da costa; para o seu cabelo rebelde, para as suas meias vermelhas e talvez para a sua incapacidade de distinguir os talheres de peixe dos talheres de sobremesa.

Já se disse com razão que os burgueses latino-americanos confundem o verbo ser com o verbo ter. Seus valores são de representação. No dia em que Gabriel pôde se hospedar nos mesmos hotéis e comer lagosta nos mesmos restaurantes que eles e conhecer tão bem ou melhor que eles a temperatura adequada dos vinhos, a série dos queijos e os lugares e espetáculos de interesse em Nova York, Paris ou Londres, abriram-lhe as portas, honrados de que se dignasse a beber um uísque com eles, fazendo agora vista grossa para tudo, inclusive para as velhas ideias de esquerda do autor de Cem anos de solidão *e suas simpatias por Fidel Castro.*

Mas não na época. Não ainda. Apesar dos livros publicados (com Os funerais da mamãe grande, *editado pela Universidade de Veracruz, no México, já eram quatro), a espera haveria de se prolongar uns tantos anos mais. Enviado a Nova York como correspondente da Prensa Latina, pelo diretor da agência, Jorge Ricardo Masetti, Gabriel continuava trabalhando de dia como repórter e de noite escrevendo no seu hotel. Aquela era uma época difícil em todos os sentidos. Exilados cubanos de Nova York o ameaçavam pelo telefone; lembravam-no às vezes de que tinha uma esposa e um filho, de que alguma coisa podia acontecer com eles. Na previsão de qualquer ataque, Gabriel trabalhava com uma barra de ferro ao alcance da mão. Dentro de Cuba, por outro lado, vivia-se o que se conheceria depois como "o ano do sectarismo". Membros do velho Partido Comunista detinham postos-chave nos organismos do Estado. A Prensa Latina interessava a eles demais. Jorge Ricardo Masetti, um argentino jovem, lúcido, de extraordinárias qualidades humanas, enfrentava-os. Quando caiu como diretor da agência, todos os que partilhávamos então do seu fervor revolucionário e da sua recusa ao sectarismo comunista, renunciamos aos nossos cargos. Gabriel foi um deles.*

(Para mim aquele episódio indicava uma virada inquietante no rumo da revolução cubana. Para Gabriel, não; viu isso, acho, como um acidente de caminho, que não esfriou as suas simpatias pelo governo cubano, embora essas não tenham tido, nem tenham hoje, um caráter de ortodoxia incondicional.)

Depois de sua renúncia, ficou em Nova York sem emprego e sem passagem de volta. Absurdamente — mas esses absurdos têm nele a sua lógica oculta, puramente intuiti-

va — decidiu ir para o México com a mulher e o filho. De ônibus e com cem dólares de capital total.

No dia em que no México obteve o seu primeiro emprego, como redator numa revista feminina, tinha solta a sola do sapato. O proprietário da publicação, que era também um conhecido produtor de cinema, marcou um encontro com ele num bar. Devia chegar antes e ir embora depois, para que o outro não notasse aquele sapato descosturado. Estava, depois de tantos anos, na mesma situação de quando se sentou para escrever o seu primeiro livro.

Não me lembro se foi durante uma viagem minha ao México, ou durante uma viagem dele a Barranquilla, onde eu vivia, que me falou daquele romance que estava escrevendo.

— Parece um bolero — me disse.

(O bolero, a expressão musical mais autenticamente latino-americana, é em aparência de um desmedido sentimentalismo: mas tem também uma piscadela, um exagero assumido com humor, um "não entenda tão ao pé da letra" que só, ao que parece, os latino-americanos conseguem captar. Como os adjetivos de Borges.)

"Até o momento", disse-me, colocando os dedos sobre a mesa e fazendo-os andar pelo centro dela, "nos meus livros sempre tomei o caminho mais seguro. Sem correr riscos. Agora sinto que devo andar pela borda", e seus dedos avançaram em difícil equilíbrio pela borda da mesa. "Veja, quando um dos personagens do livro morre de um tiro, um fio de sangue seu percorre todo o povoado até chegar onde se encontra a mãe do morto. Tudo é assim, no limite do sublime ou do ridículo. Como o bolero." Depois acrescentou: "Ou dou uma sacudida com esse livro ou quebro a cara."

Estava falando, é claro, de Cem anos de solidão. *Quando li os originais logo depois de terminado, escrevi-lhe um bilhete dizendo que sem dúvida tinha dado a sacudida. Recebi na volta do correio a sua resposta: "Esta noite, depois de ler sua carta, vou dormir tranquilo. O problema de* Cem anos de solidão *não era escrevê-lo, mas sim ter que passar pelo infortúnio amargo de ser lido pelos amigos que interessam. As reações foram muito mais favoráveis do que eu esperava. Acho que o conceito mais fácil de resumir é o da Editorial Sudamericana: contrataram o livro para uma primeira edição de dez mil exemplares e, há quinze dias, depois de mostrarem aos seus especialistas as provas tipográficas, dobraram a tiragem."*

Sim, a longa espera iniciada quinze anos atrás, quando escrevia até o amanhecer O enterro do diabo, *tinha terminado.*

CEM ANOS DE SOLIDÃO

— Qual foi o seu propósito, quando se sentou para escrever *Cem anos de solidão*?

— Dar uma saída literária, integral, para todas as experiências que de algum modo me tivessem afetado durante a infância.

— Muitos críticos veem no livro uma parábola ou alegoria da história da humanidade.

— Não, eu só quis deixar um testemunho poético do mundo da minha infância, que, como você sabe, transcorreu numa casa grande, muito triste, com uma irmã que comia terra e uma avó que adivinhava o futuro, e numerosos parentes de nomes iguais que nunca fizeram muita distinção entre a felicidade e a demência.

— Os críticos sempre encontram para ele intenções mais complexas.

— Se existem, devem ser inconscientes. Mas pode acontecer também que os críticos, ao contrário dos romancistas, não encontrem nos livros o que podem, mas sim o que querem.

— Você sempre fala com muita ironia dos críticos. Por que o desagradam tanto?

— Porque, em geral, com uma investidura de pontífices e sem perceber que um romance como *Cem anos de solidão* carece por completo de seriedade e está cheio de senhas para os amigos mais íntimos, senhas que só eles podem descobrir, assumem a responsabilidade de decifrar todas as adivinhações do livro, correndo o risco de dizer grandes bobagens.

"Lembro-me, por exemplo, de que um crítico acreditou ter descoberto chaves importantes para o romance, ao observar que um personagem, Gabriel, leva a Paris as obras completas de Rabelais. A partir desse achado, todas as faltas de medidas e todos os excessos pantagruélicos dos personagens se explicariam, segundo ele, por essa influência literária. Na realidade, aquela alusão a Rabelais foi posta por mim como uma casca de banana em que muitos críticos pisaram."

— Sem dar atenção ao que dizem os críticos, o romance é muito mais que uma recuperação poética das suas lembranças de infância. Você não disse uma vez que a história dos Buendía podia ser uma versão da história da América Latina?

— Sim, acho isso. A história da América Latina é também uma soma de esforços desmedidos e inúteis e de dramas condenados de antemão ao esquecimento. A peste do esquecimento também existe entre nós. Passado o tempo, ninguém reconhece como verdadeiro o massacre dos trabalhadores da companhia bananeira, ou se lembra do Coronel Aureliano Buendía.

— E as trinta e duas guerras perdidas do coronel podem expressar as nossas frustrações políticas. O que teria acontecido, a propósito, se o Coronel Aureliano Buendía tivesse triunfado?

— Iria parecer demais com o patriarca. Num dado momento, escrevendo o romance, tive a tentação de fazer o coronel tomar o poder. Se tivesse sido assim, em vez de *Cem anos de solidão* teria escrito *O outono do patriarca*.

— Devemos acreditar que, por uma fatalidade do nosso destino histórico, quem luta contra o despotismo corre grande risco de se transformar a si mesmo num déspota ao chegar ao poder?

— Em *Cem anos...*, um condenado à morte diz ao Coronel Aureliano Buendía: "O que me preocupa é que de tanto odiar os militares, de tanto combatê-los, de tanto pensar neles, você acabou por ser igual a eles." E concluiu: "Nesse passo, você vai ser o ditador mais despótico e sanguinário da nossa história."

— É verdade que aos dezoito anos de idade você tentou escrever este mesmo romance?

— Sim, chamava-se *La casa*, porque pensei que toda a história devia ocorrer dentro da casa dos Buendía.

— Até onde chegou aquele esboço? Era desde então uma história que se propunha a abarcar um lapso de cem anos?

— Não consegui armar uma estrutura contínua, só trechos soltos, dos quais ficaram alguns publicados nos jornais onde trabalhava na época. O número de anos nunca foi nada que me preocupasse. Ainda mais: não estou muito certo de que a história de *Cem anos de solidão* dure na realidade cem anos.

— Por que você o interrompeu?

— Porque não tinha naquele momento a experiência, o fôlego nem os recursos técnicos para escrever uma obra assim.

— Mas a história continuou rodando na sua cabeça.

— Uns quinze anos mais. Mas não encontrava o tom que a fizesse crível para mim mesmo. Um dia, indo para Acapulco com Mercedes e os meninos, tive a revelação: devia contar a história como a minha avó me contava as suas, partindo daquela tarde em que o menino é levado por seu pai para conhecer o gelo.

— Uma história linear.

— Uma história linear em que, com toda inocência, o extraordinário entrasse no cotidiano.

— É verdade que você deu meia-volta na estrada e se pôs a escrevê-la?

— É verdade, nunca cheguei a Acapulco.

— E Mercedes?

— Você já sabe toda a quantidade de loucuras desse estilo que ela aguentou de mim. Sem a Mercedes eu não teria chegado a escrever o livro. Ela se encarregou da situação. Eu tinha comprado meses atrás um automóvel. Empenhei-o e dei a ela o dinheiro, calculando que daria para vivermos uns seis meses. Mas levei um ano e meio escrevendo o livro. Quando o dinheiro acabou, ela não me disse nada. Conseguiu, não sei como, que o açougueiro lhe fiasse a carne, o padeiro o pão e que o dono do apartamento esperasse nove meses para receber o aluguel. Ocupou-se de tudo sem que eu soubesse: inclusive de trazer de tempos em tempos quinhentas folhas de papel. Nunca faltaram aquelas quinhentas folhas. Foi ela que, uma vez terminado o livro, pôs os originais no correio para enviá-los à Editorial Sudamericana.

— Ela me contou uma vez; levou os originais ao correio pensando: "E se depois disso tudo o romance for ruim?" Acho que não o tinha lido, não é?

— Ela não gosta de ler originais.

— E, com os seus filhos, é uma das últimas pessoas a ler os seus livros. Diga, você estava certo do sucesso de *Cem anos de solidão*?

— Estava certo de que teria boa crítica. Mas não do seu sucesso junto ao público. Calculei que se venderiam uns cinco mil exemplares. (Dos meus livros anteriores só se tinham vendido até então uns mil de cada um.) A Editorial Sudamericana foi um pouco mais otimista: calculou que se venderiam oito mil. Na realidade, a primeira edição foi vendida em quinze dias e numa única cidade: Buenos Aires.

— Falemos do livro. De onde provém a solidão dos Buendía?

— Para mim, da sua falta de amor. No livro se adverte que o Aureliano com o rabo de porco era o único dos Buendía que, em um século, tinha sido concebido com amor. Os Buendía não eram capazes de amor, e aí está o segredo da sua solidão, da sua frustração. A solidão, para mim, é o contrário da solidariedade.

— Não vou perguntar a você o que tantas vezes já lhe perguntaram... por que há tantos Aurelianos e tantos Josés Arcádios... pois se sabe que se trata de uma modalidade muito latino-americana: todos nos chamamos como os nossos pais ou nossos avós e na sua família chegou-se ao delírio de outro irmão seu se chamar também Gabriel. Mas acho que sei que há uma pista para distinguir os Aurelianos dos Josés Arcádios, qual é?

— Uma pista muito fácil: os Josés Arcádios prolongam a estirpe, mas não os Aurelianos. Com uma única exceção, a de José Arcádio Segundo e Aureliano Segundo, provavelmente porque sendo gêmeos exatamente iguais foram confundidos na infância.

— No livro, as loucuras correm por conta dos homens (inventos, alquimias, guerras, farras descomunais) e a sensatez por conta das mulheres. Corresponde à sua visão dos dois sexos?

— Acho que as mulheres mantêm o mundo no ar, para que não se desfaça, enquanto os homens tentam puxar a história. Por fim, a gente se pergunta qual das duas coisas será a menos sensata.

— As mulheres, ao que parece, não só asseguram a continuidade da estirpe como também a do romance. Será esse talvez o segredo da extraordinária longevidade de Ursula Iguarán?

— Sim, ela devia ter morrido antes da guerra civil, quando se aproximava dos cem anos de idade. Mas descobri que, se morresse, o livro se desmoronava. Quando morre, o livro já está com tanto vapor que não importa o que aconteça depois.

— Qual é o papel de Petra Cotes no livro?

— Uma análise superficial faria pensar que é apenas o reverso de Fernanda. Isto é, uma mulher caraíba sem os preconceitos morais das mulheres dos Andes. Mas acho bem mais que a sua personalidade tem muito a ver com a de Ursula, mas uma Ursula com um senso ainda muito mais rude da realidade.

— Suponho que há personagens que seguiram um rumo diferente do previsto, quando você estava escrevendo o romance. Poderia citar um exemplo?

— Sim, um deles seria o de Santa Sofía de la Piedad. No romance, como aconteceu na realidade, devia abandonar a casa sem se despedir de ninguém, ao se descobrir leprosa. Embora todo o temperamento do personagem estivesse construído sobre a abnegação e o espírito de sacrifício, que tornavam verossímil esse desenlace, tive que modificá-lo. Ficava excessivamente truculento.

— Existe algum personagem que tenha saído completamente do seu controle?

— Três escaparam completamente ao meu controle, no sentido de que o seu temperamento e o seu destino não foram os que eu quis: Aureliano José, cuja paixão tremenda por sua tia Amaranta me pegou de surpresa, José Arcádio Segundo, que nunca foi o líder sindical bananeiro que eu desejara, e José Arcádio, o aprendiz de papa, que se transformou numa espécie de Adônis decadente, um pouco alheio a todo o resto do livro.

— Para os que temos algumas chaves do livro, há um momento em que Macondo deixa de ser um povoado, o seu, para se transformar numa cidade, Barranquilla. Você colocou no final personagens e lugares que conheceu lá. Essa mudança lhe trouxe algum problema?

— Macondo, mais que um lugar do mundo, é um estado de ânimo. O difícil então não era passar do cenário de um povoado para o de uma cidade, mas sim passar de um para o outro sem que se notasse a mudança da saudade.

— Qual foi para você o momento mais difícil do romance?

— Começar. Lembro-me muito bem do dia em que terminei com muita dificuldade a primeira frase e me perguntei aterrorizado que merda viria depois. Na realidade, até o achado do galeão no meio da selva, não acreditei de verdade que aquele livro pudesse chegar a parte alguma. Mas a partir dali tudo foi uma espécie de frenesi, aliás, muito divertido.

— Você se lembra do dia em que o terminou? Que horas eram? Qual foi o seu estado de ânimo?

— Eu tinha escrito durante dezoito meses, todos os dias, das nove da manhã às três da tarde. Sabia, sem dúvida, que aquele seria o último dia de trabalho. Mas o livro chegou ao seu final natural de um modo intempestivo, por volta das onze da manhã. Mercedes não estava em casa e não encontrei por telefone ninguém a quem contar. Lembro do meu desconcerto, como se fosse ontem: não sabia o que fazer com o tempo que sobrava e fiquei tentando inventar alguma coisa para poder viver até as três da tarde.

— Deve haver algum aspecto fundamental do livro a que os críticos (os críticos pelos quais você tem tanta aversão) fizeram vista grossa. Qual seria?

— Seu valor mais notável: a imensa compaixão do autor por todas as suas pobres criaturas.

— Quem foi o melhor leitor do livro para você?

— Uma amiga soviética encontrou uma senhora, muito idosa, copiando todo o livro a mão, coisa que naturalmente fez até o final. Minha amiga lhe perguntou por que fazia isso e a senhora respondeu: "Porque quero saber quem na verdade está louco: se é o autor ou sou eu, e acho que a única maneira de saber é tornando a escrever o livro." Não consigo imaginar um leitor melhor que essa senhora.

— Para quantos idiomas foi traduzido o livro?

— Para dezessete.

— Dizem que a tradução para o inglês é excelente.

— Excelente, sim. A linguagem, ao se comprimir em inglês, ganha em força.

— E as outras traduções?

— Trabalhei muito com o tradutor italiano e com o tradutor francês. As duas traduções são boas; não obstante, não sinto o livro em francês.

— Vendeu menos na França que na Inglaterra ou na Itália, para não falar dos países de fala espanhola, onde o sucesso foi obviamente extraordinário. A que atribui isso?

— Talvez ao cartesianismo. Estou muito mais próximo das loucuras de Rabelais que dos rigores de Descartes. Na França foi Descartes quem se impôs. Talvez por esse motivo, embora com muito boa crítica, o livro não teve na França o nível de popularidade alcançado em outros países. Rossana Rossanda, há pouco tempo, fez-me levar em conta que o livro foi publicado na França em 1968, um ano em que a situação social não lhe era muito propícia.

— Intrigou muito a você o sucesso de *Cem anos de solidão?*

— Sim, muito.

— E não lhe interessou descobrir o segredo?

— Não, não quero saber. Acho muito perigoso descobrir por que motivos um livro que escrevi pensando apenas em alguns amigos é vendido em todos os lugares como cachorro-quente.

O OUTONO DO PATRIARCA

— Você se lembra daquele avião?

— Que avião?

— Aquele avião que ouvimos voar sobre Caracas às duas horas da madrugada do dia 23 de janeiro de 1958. Acho que o vimos da sacada do apartamento, no bairro de San Bernardino, onde nos encontrávamos: duas luzes vermelhas se deslocando a pouca altura na escuridão do céu, sobre uma cidade deserta pelo toque de recolher e que não dormia aguardando de um momento para o outro a queda do ditador.

— O avião em que o Pérez Jiménez fugiu.

— Sim, o avião com o qual acabou uma ditadura de oito anos na Venezuela. Deixe eu me voltar para o leitor para falar daquele momento. É importante, porque foi aí que você teve a ideia de escrever o romance do ditador: o que, dezessete anos mais tarde, depois de duas versões truncadas, seria *O outono do patriarca*.

"A bordo do avião estava o ditador com sua mulher e suas filhas, seus ministros e seus amigos mais próximos. Estava com o rosto inflamado por uma nevralgia e enfurecido com o seu auxiliar, porque na precipitação da fuga, junto ao avião em que subiram por uma escada de corda, esquecera uma maleta com onze milhões de dólares.

"Ganhando altura, o aparelho já se afastava para o mar, para o Mar das Antilhas, quando o locutor do rádio, interrompendo programas de música clássica que tínhamos ouvido durante três dias, anunciou a queda da ditadura. Uma depois da outra, como lanternas de uma árvore de Natal, foram se acendendo as luzes nas janelas de Caracas. O delírio começaria depois, na neblina e no ar fresco da madrugada. Buzinas, gritos, sirenes de fábricas, pessoas agitando bandeiras em automóveis e caminhões. Pouco antes de arder o edifício da Segurança Nacional, a multidão trouxera nos ombros os presos políticos que lá se encontravam.

"Era a primeira vez que víamos a queda de um ditador na América Latina.

"Responsáveis por uma revista semanal, García Márquez e eu vivemos a partir daquele momento dias muito intensos. Visitamos os santuários do poder: o Ministério da Defesa, uma espécie de fortaleza, em cujos corredores se podiam ler cartazes que diziam assim: 'O que o senhor ouvir aqui, o que o senhor ver aqui, fica aqui'; e Miraflores, o palácio presidencial.

"Naquele antigo casarão colonial, com uma fonte no meio do pátio e vasos de flores em volta, García Márquez encontrou um velho mordomo que lá servia desde os remotos tempos de outro ditador, Juan Vicente Gómez. Velho patriarca de origem rural, de olhos e bigodes de tártaro, Gómez morrera na cama, tranquilamente, depois de governar com punho de ferro o seu país durante cerca de trinta anos. O mordomo ainda se lembrava do general, da rede onde dormia a sesta; do galo de briga de que gostava.

"Foi depois de falar com ele que você teve a ideia de escrever o romance?"

— Não, foi no dia em que a Junta do Governo estava reunida naquele mesmo lugar, em Miraflores. Dois ou três dias depois da queda de Pérez Jiménez... você se lembra?... alguma coisa estava acontecendo e jornalistas e fotógrafos esperávamos na antessala presidencial. Eram mais ou menos quatro horas da madrugada, quando se abriu a porta e vimos um oficial, em traje de campanha, andando de costas, com as botas enlameadas e uma metralhadora na mão. Passou entre nós, os jornalistas.

— Andando de costas, ainda.

— Andando de costas, apontando a metralhadora e manchando o tapete com o barro das botas. Desceu as escadas, pegou um carro que o levou ao aeroporto e foi para o exílio. Foi nesse instante, no instante em que aquele militar saía de um quarto onde se discutia como ia se formar definitivamente o novo governo, que tive a intuição do poder, do mistério do poder.

— Dias depois, num automóvel, indo para a revista onde trabalhávamos, você me disse: "Ainda não se escreveu o romance do ditador latino-americano." Porque estávamos de acordo: não era *O Senhor Presidente,* de Asturias, que considerávamos péssimo.

— É péssimo.

— Então, lembro-me, você se dedicou a ler biografias de ditadores. Estava maravilhado. Os ditadores latino-americanos eram delirantes. Toda noite, na hora do jantar, você contava uma das histórias encontradas nos livros. Qual foi o ditador que mandou matar os cachorros pretos?

— Duvalier. O Dr. Duvalier, do Haiti, "Papa Doc". Mandou exterminar todos os cachorros pretos que havia no país, porque um dos seus inimigos, para não ser preso e assassinado, transformara-se em cachorro. Num cachorro preto.

— Não foi o Dr. Francia, do Paraguai, o que ordenou que todo homem de mais de vinte e um anos devia se casar?

— Sim, e fechou o país como se fosse uma casa, só deixando aberta uma janela para que entrasse o correio. O Dr. Francia era muito estranho. Teve tanto prestígio como filósofo que mereceu um estudo de Carlyle.

— Era teósofo?

— Não, o teósofo era Maximiliano Hernández Martínez, de El Salvador, que mandou forrar com papel vermelho toda a iluminação pública do país para combater uma epidemia de sarampo. Hernández Martínez tinha inventado um pêndulo que punha sobre os alimentos, antes de comer, para saber se estavam envenenados.

— E Gómez, Juan Vicente Gómez, na Venezuela?

— Gómez tinha uma intuição tão extraordinária que mais parecia uma faculdade de adivinho.

— Fazia anunciar a sua morte e depois ressuscitava, como acontece com o patriarca do seu livro. A propósito, quando leio *O outono do patriarca* imagino-o com o temperamento e os traços de Juan Vicente Gómez. Talvez não seja uma mera impressão pessoal. Você intimamente não tinha medo, de Gómez quando estava escrevendo o livro?

— Minha intenção sempre foi a de fazer uma síntese de todos os ditadores latino-americanos, em especial do Mar das Antilhas. Entretanto, a personalidade de Juan Vicente Gómez era tão imponente, e além disso exercia sobre mim um fascínio tão intenso, que sem dúvida o patriarca tem muito mais dele que de qualquer outro. Em todo caso, a imagem mental que tenho de ambos é a mesma. O que não quer dizer, naturalmente, que ele seja o personagem do livro, que é bem mais uma idealização da sua imagem.

— No decorrer dessas leituras você descobriu que os ditadores tinham muitos traços em comum. E verdade, por exemplo, que sempre são filhos de viúvas? Como explicaria essa particularidade?

— O que acredito ter estabelecido é que a imagem dominante na sua vida foi a da mãe, e que, pelo contrário, eram de certo modo, desde sempre, órfãos de pai. Refiro-me, naturalmente, aos maiores. Não a todos os que encontraram tudo feito e herdaram o poder. Esses são diferentes, muito poucos, e não têm nenhum valor literário.

— Você me disse que todos os seus livros têm como ponto de partida uma imagem visual. Qual foi a imagem de *O outono do patriarca*?

— É a imagem de um ditador muito velho, inconcebivelmente velho, que fica sozinho num palácio cheio de vacas.

— Uma vez você me disse ou me escreveu que o livro se iniciava com um ditador muito velho que era julgado num estádio. (A imagem, me parece, estava inspirada naquele julgamento de um militar batistiano, Sosa Blanco, em Havana, ao qual você e eu assistimos, pouco depois do triunfo da revolução.) Acho que por duas vezes você começou o livro e o abandonou. Como foi isso?

— Durante muitos anos, como acontece com todos os meus livros, tive o problema da estrutura. Nunca os começo enquanto não tenho isso resolvido. Aquela noite em Havana, enquanto julgavam Sosa Blanco, pareceu-me que a estrutura útil era o longo monólogo do velho ditador sentenciado à morte. Mas não; em primeiro lugar, era anti-histórico: aqueles ditadores ou morriam de velhos na cama, ou eram mortos ou fugiam. Mas não eram julgados. Em segundo lugar, o monólogo teria me restringido ao ponto de vista único do ditador e à sua própria linguagem.

— Sei que você já vinha há bastante tempo trabalhando *O outono do patriarca,* quando o interrompeu para escrever *Cem anos de solidão.* Por que fez isso? Não é frequente interromper um livro para escrever outro.

— A interrupção deveu-se a que eu estava escrevendo *O outono...* sem saber muito bem como era, e por conseguinte não conseguia ir ao fundo. Em compensação, *Cem anos...* que era um projeto mais antigo e muitas vezes tentado, tornou a irromper de repente com a única solução que me faltava: o tom. Em todo caso, não era a primeira vez que me acontecia isso. Também interrompi *O veneno da madrugada*, em Paris, em 1955, para escrever *Ninguém escreve...*, que era um livro diferente, incrustado dentro e que não me deixava avançar. Como escritor, tenho a mesma norma que como leitor: quando um livro deixa de me interessar, ponho-o de lado. Sempre, em ambos os casos, há um momento melhor para enfrentá-lo.

— Se você tivesse que definir o seu livro com uma única frase, como o definiria?

— Como um poema sobre a solidão do poder.

— Por que demorou tanto tempo escrevendo?

— Porque o escrevi como se escrevem versos, palavra por palavra. Houve, a princípio, semanas em que mal tinha escrito uma linha.

— Nesse livro você se permitiu toda sorte de liberdade: com a sintaxe, com o tempo, talvez com a geografia, e alguns afirmam que também com a história. Falemos da sintaxe. Há longos parágrafos sem ponto e sem ponto e vírgula, onde intervém e se entrelaçam diversos pontos de vista narrativos. Nada disso em você é gratuito. A que necessidades profundas do livro corresponde essa utilização da linguagem?

— Imagine o livro com uma estrutura linear: seria infinito e mais chato do que é. Sua estrutura em espiral, em compensação, permite comprimir o tempo e contar muito mais coisas, como se estivessem metidas numa cápsula. O monólogo múltiplo, por outro lado, permite que intervenham numerosas vozes sem se identificarem, como acontece na realidade com a história e com essas conspirações em massa do Mar das Antilhas, que estão cheias de infinitos segredos aos gritos. De todos os meus livros este é o mais experimental e o que mais me interessa como aventura poética.

— Você também toma liberdade com o tempo.

— Muitas. Como você se lembra, há um dia em que o ditador ao acordar encontra todo mundo com barretes vermelhos. Dizem a ele que uma série de sujeitos muito esquisitos...

— Vestidos como o valete de paus.

— Vestidos como o valete de paus que estão trocando tudo (os ovos de iguana, os couros de jacaré, o tabaco e o chocolate) por barretes vermelhos. O ditador abre uma janela que dá para o mar e no mar, junto ao encouraçado deixado pelos marines, vê as três caravelas de Cristóvão Colombo.

"Como você vê, trata-se de dois fatos históricos (a chegada de Colombo e os desembarques de marines) colocados sem nenhum respeito pela ordem cronológica em que ocorreram. Deliberadamente, tomei toda sorte de liberdade com o tempo.

— E com a geografia?

— Também. Sem dúvida, o país do ditador é um país do Mar das Antilhas. Mas é um Mar das Antilhas que é mistura do Mar das Antilhas espanhol com o Mar das Antilhas inglês. Você sabe que eu conheço o Mar das Antilhas ilha por ilha, cidade por cidade. E aí o coloquei todo. O meu, em primeiro lugar. O bordel onde morava em

Barraquilla, a Cartagena dos meus tempos de estudante, as tavernas do porto onde eu ia comer na saída do jornal, às quatro da manhã e até as escunas que ao amanhecer iam para Aruba e Curaçao carregadas de prostitutas. Ali há ruas que parecem com a Calle del Comercio do Panamá, recantos que são de Havana Velha, de San Juan ou de La Guaira. Mas também há lugares que pertencem às Antilhas inglesas, com os seus hindus, os seus chineses e holandeses.

— Há quem afirme que no seu ditador se reúnem dois personagens históricos diferentes: o caudilho de origem rural, como foi Gómez, que surge do caos e da anarquia das nossas guerras civis e que num dado momento representa uma aspiração de ordem e de unidade nacional, e o ditador no estilo de Somoza ou de Trujillo, isto é, na sua origem um obscuro militar de baixa graduação, sem carisma algum, imposto pelos marines norte-americanos. O que você acha disso?

— Mais que as especulações dos críticos, deixou-me atônito (e feliz) o que me disse o meu grande amigo, o general Omar Torrijos, quarenta e oito horas antes de morrer: "O seu melhor livro é *O outono do patriarca*: todos somos assim como você diz."

— Por uma curiosa coincidência, quase com *O outono do patriarca* surgiram outros romances de escritores latino-americanos sobre o mesmo tema, o ditador. Estou pensando em *El recurso del método*, de Alejo Carpentier; em *Eu, o supremo*, de Roa Bastos, e em *Ofício de difuntos*, de Arturo Uslar Pietri. Como explicar o repentino interesse dos escritores latino-americanos por esse personagem?

— Não creio que seja um interesse repentino. O tema tem sido uma constante da literatura latino-americana desde as suas origens e suponho que continuará sendo. É compreensível, pois o ditador é o único personagem mitológico que a América Latina produziu e o seu ciclo histórico está longe de estar concluído.

"Mas, na realidade, a mim não interessava tanto o personagem em si (o personagem do ditador feudal) quanto a oportunidade que me dava de refletir sobre o poder. É um tema que esteve latente, em todos os meus livros."

— É claro. Já há um esboço em *O veneno da madrugada* e em *Cem anos de solidão*. É inevitável perguntar: por que lhe interessa tanto o tema?

— Porque sempre acreditei que o poder absoluto é a realização mais alta e mais complexa do ser humano e que por isso resume ao mesmo tempo toda a sua grandeza e toda a sua miséria. Lord Acton disse que "o poder corrompe e o poder absoluto corrompe de modo absoluto". Este é por força um tema apaixonante para um escritor.

— Suponho que a sua primeira aproximação ao poder foi estritamente literária. Há obras ou autores que deveriam ensinar a você alguma coisa a respeito. Quais seriam?

— Ensinou-me muito o *Édipo Rei*. E aprendi bastante de Plutarco e de Suetônio e dos biógrafos de Júlio César em geral.

— Personagem que o fascina.

— Personagem que não só me fascina, mas que teria sido o que eu desejaria criar na literatura. Como não foi possível, tive que me contentar em fabricar um ditador com os retalhos de todos os ditadores que tivemos na América Latina.

— Você disse sobre *O outono do patriarca* coisas bastante paradoxais. Primeiro, que é o mais popular de todos os seus livros do ponto de vista da linguagem, quando na realidade pareceria o mais barroco, o mais difícil...

— Não, está escrito utilizando uma grande quantidade de expressões e refrões populares de toda a zona do Mar das Antilhas. Os tradutores às vezes ficam loucos tentando achar o sentido de frases que entenderiam de imediato, e às gargalhadas, os choferes de táxi de Barranquilla. É um livro raivosamente caraíba, costeiro, um luxo que se permite o autor de *Cem anos de solidão,* quando decide por fim escrever o que quer.

— Você afirma também que é o livro onde você se confessa, um livro cheio de experiências pessoais. Uma autobiografia com chaves, você disse uma vez.

— Sim, é um livro de confissão. O único que desde sempre eu quis escrever e não tinha podido.

— Parece estranho que você possa tomar suas experiências pessoais para reconstruir o destino de um ditador. Aqui qualquer psicanalista aguçaria os ouvidos... Você disse uma vez que a solidão do poder parece com a do escritor. Talvez se referisse mais à solidão da fama. Não acha que a sua conquista e manejo o fizeram secretamente solidário com o seu personagem do patriarca?

— Nunca disse que a solidão do poder é igual à solidão do escritor. Disse, por um lado, como você mesmo diz, que a solidão da fama parece muito com a solidão do poder. E disse, por outro lado, que não há ofício mais solitário que o do escritor, no sentido de que no momento de escrever ninguém pode ajudar a gente, nem ninguém pode saber o que é que a gente quer fazer. Não: a gente está sozinho, numa solidão absoluta, diante da folha em branco.

"Quanto à solidão do poder e à solidão da fama, não há nenhuma dúvida. As estratégias para conservar o poder, como para se defender da fama, acabam por se parecerem. Isso é em parte a causa da solidão em ambos os casos. Mas há mais: a incomunicação do poder e a incomunicação da fama agravam o problema. É, em última instância, um problema de informação que acaba por isolar a ambos da realidade evasiva e mutante. A grande pergunta no poder e na fama seria então a mesma: 'Em quem acreditar?' A qual, levada aos seus extremos delirantes, teria que conduzir à pergunta final: 'Quem merda sou eu?' A consciência desse risco, que eu não teria conhecido se não fosse um escritor famoso, ajudou-me muito, é claro, na criação de um patriarca que não conhece mais, talvez, nem o seu próprio nome. E é impossível, nesse jogo de ida e volta, de toma lá e dá cá, que um autor não termine por ser solidário com o seu personagem, por mais detestável que este pareça. Ainda que seja só por compaixão."

HOJE

Naturalmente que mudou. Era Peixes e hoje é um taurino. Era magro, ansioso, fumava muitos cigarros: hoje não fuma, ganhou dez quilos e dá uma impressão de solidez e tranquilidade que assombra os que o conheceram em outra época. Nenhum rastro resta hoje da sua vida boêmia da juventude, quando o amanhecer o surpreendia numa sala de redação, num bar ou num quarto qualquer. Seus encontros estão severamente governados por uma agenda. Discretamente, graças a sua esposa e a Carmen Balcells, sua agente literária, consegue se proteger dos que estão interessados em vê-lo; em geral, jornalistas, professores ou estudantes universitários que desejam falar com ele de sua obra. Tudo que é seu está previsto de antemão; pode marcar em janeiro um encontro para setembro e, coisa rara num latino-americano, realizá-lo.

Antes de Cem anos de solidão, *sentia uma profunda necessidade de escrever aos seus amigos próximos cartas frequentes, falando de tudo: esperanças, contratempos, inquietações, estados de ânimo. "Aqui, entre nós, estou assustado", "não pense*

que esta tensão em que vivo não tem consequências" etc...
Hoje, por princípio, não escreve cartas. Mantém-se em contato com seus amigos por telefone. Seu tom é despreocupado, cordial, muito caraíba sempre: "Como vão as coisas, aqui é Gabo". Mas não faz mais confidências íntimas.

Será necessária uma trama de circunstâncias (alguns uísques, a hora da madrugada), para que algum dos sentimentos que guardou no fundo de si mesmo saia surpreendentemente à tona. Talvez então se chegue a adivinhar, na fibra de uma frase e num repentino brilho nas pupilas, alguma das suas nostalgias ou rancores clandestinos: como teria agradado, por exemplo, ao escritor de trinta anos, que eu via com um suéter furado nos cotovelos, ter vivido uma aventura com uma dessas moças bonitas e sofisticadas que hoje se insinuam junto ao escritor de cinquenta anos e este deixa de lado para não alterar a tranquilidade e a organização da sua vida.

Apesar do clã de celebridades com que hoje convive, dos autógrafos e dos jornalistas de nacionalidades diversas que desejam entrevistá-lo, a fama não lhe subiu à cabeça. Continua sendo igual com seus amigos. Estes, que o chamam de "Gabo" ou "Gabito" (diminutivo de Gabriel na costa colombiana do Mar das Antilhas), agem com ele da mesma maneira. Principalmente os de Barranquilla, que como bons caraíbas não se impressionam com a celebridade. Alguns, muito próximos dele, morreram prematuramente. Os outros, gordos e com o cabelo salpicado de cãs, continuam tratando-o como o companheiro a quem davam para ler livros de Joyce ou de Faulkner, trinta anos atrás.

Gabriel e sua esposa Mercedes formam um casal muito sólido. Gabriel a conheceu quando era uma menina de treze anos, magra como um fio e com uns olhos sonolentos que nunca demonstraram sobressalto. Com efeito, diante dos desastres e, coisa surpreendente, diante das voltas afortunadas da vida, Mercedes adota a mesma impavidez de granito. Observa tudo, aguda mas tranquilamente, como seus antepassados egípcios (pelo lado paterno) deviam olhar as águas do Nilo. Mas também parece com essas mulheres do Mar das Antilhas que nos romances de García Márquez, com um sábio domínio da realidade, constituem o verdadeiro poder atrás do poder. Com os personagens célebres que encontra com seu marido (chamem-se Fidel Castro, Luis Buñuel ou Monica Vitti), Mercedes fala com uma naturalidade que se poderia tomar como traço de uma mundanidade antiga e segura. O segredo consiste em que continua se movimentando na vida como se ainda estivesse com as suas primas de Magangué, o remoto povoado tropical onde nasceu.

Os dois filhos do casal, Rodrigo e Gonzalo, têm com o pai uma relação excelente: cúmplice e sempre com um rastro de humor de parte a parte. "Onde está o famoso escritor?", brincam ao chegar em casa. Nos países latino-americanos, onde os ricos não têm respeito pelos pobres, nem os brancos pelos pretos, nem os pais pelos filhos, a experiência realizada por Gabriel se situa na direção contrária. Nenhuma explosão de fácil autoridade com os dois rapazes, mas sim um tratamento de rigorosa igualdade quase desde que estavam no berço. O resultado é muito aceitável: donos das suas próprias opções, os dois encaram as pessoas e a vida em geral com uma boa dose de inteligência e humor.

Gabriel vive no México uma boa parte do ano. Tem uma casa confortável em Pedregal de San Ángel, um bairro de luxuosas residências construídas sobre pedras vulcânicas onde vivem ex-presidentes, banqueiros e gente de cinema que fez fortuna. Ao fundo de um jardim interno da casa, construiu um estúdio isolado para escrever. Lá dentro encontra-se a mesma temperatura o ano inteiro: cálida, parecida com a de Macondo, mesmo nos dias em que lá fora chove e faz frio. Seus instrumentos de trabalho são meia dúzia de dicionários, toda sorte de enciclopédias (até uma especial sobre aviação), uma fotocopiadora, uma silenciosa máquina de escrever elétrica e quinhentas folhas de papel sempre ao alcance da mão.

Não escreve mais à noite, como nos seus longínquos tempos de pobreza. Todos os dias, vestido com um macacão similar ao que usam os mecânicos de aviação, trabalha das nove da manhã às três da tarde. O almoço é servido conforme o horário espanhol, às três da tarde. Depois, Gabriel costuma escutar música (música de câmara, de preferência, mas também música popular latino-americana, incluindo os velhos boleros de Agustín Lara que sempre provocaram as saudades da sua geração).

Mas não é um escritor fechado numa torre de marfim. Se a manhã é de um isolamento total, a partir de certa hora da tarde sente necessidade de entrar em contato com o mundo. Várias noites por semana janta fora de casa. Bebe moderadamente. É um escravo das informações. Recebe todos os dias por avião jornais do seu país e é um voraz leitor de revistas norte-americanas e francesas. Suas contas de telefone são astronômicas, pois a propósito de qualquer coisa fala com amigos dispersos em diversos lugares do mundo. Conversa com eles sem pressa, sobre diversos assuntos, como se os tivesse diante de si com um cálice de conhaque na mão.

Viaja muito. Além de uma casa na Cidade do México e outra em Cuernavaca, tem um apartamento em Bogotá e outro em Paris, a trinta passos de La Coupole, que ocupa sempre no outono. Os seus são sempre alojamentos claros e confortáveis, mobiliados com bom gosto (sempre há uma boa poltrona inglesa de couro e um esplêndido aparelho de alta-fidelidade), aos quais poderia chegar sem necessidade de bagagem. Há livros nas estantes, quadros nas paredes, roupa nos armários e garrafas de uísque, de bom uísque escocês, no bar. Tudo o que precisa ao chegar é pôr um ramo de flores amarelas numa jarra. É uma superstição antiga. As flores amarelas trazem sorte.

Sim, é supersticioso como os índios goajiros que serviam na sua casa. Acredita em objetos, em situações ou pessoas capazes de trazer má sorte (a "pava", como dizem na Venezuela; a "jettatura", na Itália). Mas, o mais surpreendente é que não erra. As pessoas em que vê uma aura de má sorte a levam consigo, efetivamente. Gabriel tem, aliás, as estranhas atitudes premonitórias do Coronel Aureliano Buendía. Pode pressentir que um objeto vai cair no chão e quebrar em cacos. Quando acontece, quando o objeto cai e quebra, empalidece, desconcertado. Não sabe como e por que lhe vêm essas premonições. "Alguma coisa vai acontecer de um momento para o outro", disse-me num 1º de janeiro em Caracas. Dispúnhamo-nos a sair para a praia, com toalhas e calções ao ombro. Três minutos depois, aquela cidade fácil e luminosa, sem distúrbios há muitos anos, foi estremecida por um bombardeio: aviões rebeldes atacavam o palácio presidencial onde se encontrava o ditador Pérez Jiménez.

Acho que tem alguma coisa de bruxo. Muitas decisões importantes da sua vida correspondem a uma espécie de intuição que raras vezes pode explicar com razões. Certamente Descartes não teria sido um bom amigo seu (Rabelais, sim, mas não Descartes). O cartesianismo o incomoda como um casaco muito justo. Embora tenha excelentes amigos franceses, começando pelo Presidente François Mitterand, a lógica que todo francês já recebe com a sua primeira mamadeira acaba por ser limitada para ele: enxerga-a como uma fôrma onde só cabe uma parte da realidade.

Além do seu velho terror por microfones e câmeras, esta é a razão pela qual não costuma dar entrevistas para a televisão francesa. Perguntas tais como "o que é para você a literatura?" (ou a vida, a morte, a liberdade ou o amor), que os jornalistas franceses, familiarizados desde a escola com conceitos e análises abstratos, costumam lançar com uma aleivosa tranquilidade, deixam-no de cabelo em pé. Meter-se nesse tipo de debate torna-se para ele tão perigoso quanto andar por um campo minado de explosivos.

Na realidade, seu meio de expressão favorito é a anedota. Por esse motivo é romancista e não ensaísta. Trata-se, talvez, de um traço geográfico, cultural: as pessoas do Mar das Antilhas descrevem a realidade através de anedotas. García Márquez não é dado, como tantos intelectuais europeus, às formulações ideológicas. A copiosa retórica que os castelhanos deixaram semeada no planalto andino lhe parece oca, caricatural. Sempre pensou que a sua amizade com Fidel Castro nasce em boa parte de uma maneira de ver a realidade, uma forma de inteligência e uma linguagem que pertencem à sua zona geográfica comum, o Mar das Antilhas.

Amigo de Castro, mas não dos governantes russos nem dos sombrios burocratas que dirigem o mundo comunista; olhado com o rigor de muitos intelectuais europeus, García Márquez não é fácil de entender politicamente. Para ele, uma coisa é Brejnev e outra muito diferente é Fidel Castro, embora seja comumente aceito que muitos dos traços do regime cubano se tenham inspirado no modelo soviético. (Nossas discussões sobre esse particular há muito que chegaram a um ponto morto.) Mas o certo é que não há nada em comum entre um comunista ortodoxo e ele. Além de amigos próximos, poucos sabem do papel importante que ele desempenha politicamente na zona do Mar das Antilhas, como embaixador oficioso e de boa vontade. Tem nexos muito próximos das tendências sociais democratas e liberais avançadas. Num continente exposto à dilacerante alternativa entre uma direita reacionária, militarista, pró-americana e uma ultraesquerda pró-soviética e com frequência dogmática, ele apoia outro tipo de opções democráticas e populares. Esta é talvez uma das razões da sua simpatia por Mitterand.

Naturalmente que a direita latino-americana, quase sempre solidária com os ditadores militares, olha para ele com aversão, como para um perigoso agente castrista. Por que não reparte o seu dinheiro entre os pobres?, perguntam irritados, inimigos seus que não estabelecem maior diferença entre Marx e são Francisco de Assis. Irrita-os que se permita luxos burgueses: o caviar, as ostras, bom champanhe e os hotéis de luxo, a roupa de bom corte, os automóveis do último modelo. Na realidade, ele gasta o seu dinheiro com suprema generosidade; um dinheiro que obteve exclusivamente com a sua máquina de escrever, sem explorar ninguém.

Muitos se surpreendem ao ouvi-lo dizer que O outono do patriarca *é o mais autobiográfico dos seus livros. Acho que, num certo nível muito recôndito, o é, com efeito. Ele não procurou a fama como o seu ditador procurou o poder. A fama lhe caiu em cima de improviso, com os seus afagos, mas também com os seus pesados tributos. Nada do que hoje faça, diga ou escreva pode ter a desprevenida espontaneidade de outras épocas. A fama deve ser administrada da mesma maneira que o poder. É uma forma do poder. Exige uma atitude alerta e não excessivamente confiante. Certamente hoje há coisas que só pode se dizer a si mesmo. O que nos seus tempos de juventude e pobreza podia ser diálogo, hoje é monólogo.*

O tema de toda a sua obra não é gratuito. Brota da sua própria vida. Ao menino perdido na grande casa de seus avós, em Aracataca; ao estudante pobre que matava a tristeza dos domingos num bonde; ao jovem escritor que dormia em hotéis de passagem, em Barranquilla; ao autor mundialmente conhecido que é hoje, o fantasma da solidão seguiu sempre. Ainda está a seu lado, inclusive nas noites de La Coupole, célebre como é e rodeado sempre de amigos. Ele ganhou as trinta e duas guerras que perdeu o Coronel Aureliano Buendía. Mas a sina que marcou para sempre a estirpe dos Buendía é a mesma sua, irremediavelmente.

POLÍTICA

— Se você concorda, vamos recordar a sua trajetória política. Seu pai é conservador. Embora se costume dizer que na Colômbia se é liberal ou conservador conforme o pai, aparentemente ele não influiu em nada na sua formação política, pois desde muito cedo você foi de esquerda. Essa posição política nasceu como uma reação contra a sua própria família?

— Contra a minha família, não, pois lembre-se de que, embora meu pai seja conservador, meu avô, o coronel, era liberal; e liberal dos que tinham lutado aos tiros contra os governos conservadores. É possível que a minha primeira formação política tenha começado com ele, que em vez de me contar contos de fadas, narrava-me as histórias mais terríveis da nossa última guerra civil, guerra que livres-pensadores e anticlericais travaram contra o governo conservador. Meu avô também me falava da matança dos trabalhadores bananeiros, que ocorreu na mesma região e no mesmo ano em que nasci. Como vê, por influência familiar estive mais próximo da rebeldia que da ordem tradicional.

— Você se lembra quando e onde leu os seus primeiros textos políticos?

— No colégio de Zipaquirá onde estudei. Estava cheio de professores que tinham sido formados na Escola Normal por um marxista, durante o governo do Presidente Alfonso López, o velho, que era de esquerda. Naquele colégio, o professor de álgebra nos ensinava no recreio o materialismo histórico, o de química nos emprestava livros de Lenin e o de história nos falava da luta de classes. Quando saí daquele calabouço glacial, não sabia onde ficava o norte nem onde ficava o sul, mas já tinha duas convicções profundas: que os bons romances devem ser uma transposição poética da realidade e que o destino imediato da humanidade é o socialismo.

— Você pertenceu alguma vez ao partido comunista?

— Aos vinte e dois anos fiz parte de uma célula, por pouco tempo, na qual não me lembro de ter feito nada de interessante. Não fui um militante propriamente dito, mas sim um simpatizante. Desde então tive com os comunistas relações muito variáveis e às vezes conflitantes, pois cada vez que assumo uma atitude que não agrada a eles caem em cima de mim nos seus jornais. Mas nunca fiz declarações contra eles, nem nas piores circunstâncias.

— Em 1957, fizemos juntos uma viagem pela Alemanha Oriental. Apesar de tantas esperanças no socialismo, nossa impressão foi sinistra. Aquela viagem não afetou as suas convicções políticas?

— Lembre-se: as minhas impressões daquela viagem, que foi definitiva na minha formação política, ficaram estabelecidas para sempre numa série de artigos publicados na época numa revista de Bogotá e reunidos mais de vinte anos depois num livro pirata. Quando este foi publicado, supus que o tinham feito não tanto pelo seu interesse jornalístico e político, mas sim pela vontade de colocar em evidência as supostas contradições da minha evolução pessoal.

— Não existiam essas contradições?

— Não existiam; fiz com que legalizassem o livro e o incorporassem às minhas obras completas que na Colômbia são vendidas nas esquinas em edições populares. Não mudei uma única letra. Ainda mais: acho que as origens e a explicação da crise da Polônia em 1980 estão expostas nesses artigos, que os dogmáticos de vinte e quatro anos atrás disseram que tinham sido pagos pelos Estados Unidos. O engraçado é que esses dogmáticos estão hoje sentados nas poltronas do poder burguês e das finanças, enquanto o desenvolvimento da história vai me dando razão.

— Qual era o seu ponto de vista sobre as chamadas democracias populares?

— O pensamento central desses artigos é que nas chamadas democracias populares não havia um socialismo autêntico, nem haveria nunca por esse caminho, porque o sistema dominante não estava fundamentado nas condições próprias de cada país. Era um sistema imposto de fora pela União Soviética, mediante partidos comunistas locais dogmáticos e sem imaginação, aos quais não ocorria nada além de colocar à força o esquema soviético numa realidade onde não cabia.

— Passemos para outra experiência comum: Cuba. Trabalhamos na agência cubana Prensa Latina. Você renunciou comigo, quando o velho partido comunista começou a tomar o controle de muitos organismos da revolução. Você acha que aquela decisão nossa foi correta? Ou considera que se tratou de um mero acidente de caminho que não soubemos ver como tal?

— Acho que a nossa decisão na Prensa Latina foi correta. Se tivéssemos ficado ali, com o nosso modo de pensar, acabariam nos tirando pela tangente com algumas das papeletas que os dogmáticos de então colavam na testa das pessoas: contrarrevolucionários, lacaios do imperialismo e todo o resto. O que fiz, como você se lembra, foi ficar de lado em silêncio, enquanto continuava escrevendo os meus livros e tentando fazer roteiros no México, observando de perto e com muita atenção as evoluções do processo cubano. Na minha opinião, depois das grandes tormentas iniciais, essa revolução se orientou por um terreno difícil e às vezes contraditório, mas que oferece muito boas possibilidades para uma ordem social mais justa e democrática e parecida conosco.

— Tem certeza? As mesmas causas produzem os mesmos efeitos. Se Cuba toma como modelo o sistema soviético (partido único, centralismo democrático, organismos de segurança que exercem um controle férreo sobre a população, sindicatos manipulados pelo poder) é de se acreditar que essa "ordem mais justa e democrática" seja tão discutível quando na União Soviética. Você não teme que seja assim?

— O problema da análise está nos pontos de partida: vocês fundamentam o seu em que Cuba é um satélite soviético e eu acho que não é. Basta falar com Fidel Castro um único minuto para perceber que não obedece ordens de ninguém. A minha ideia é a de que a revolução cubana está há mais de vinte anos em situação de emergência e isto por culpa da incompreensão e hostilidade dos Estados Unidos, que não se resignam a permitir esse exemplo a noventa milhas da Flórida. Não é por culpa da União Soviética, sem cuja assistência (quaisquer que sejam os seus motivos e propósitos) não existiria hoje a revolução cubana. Enquanto essa hostilidade persistir, a situação de Cuba não poderá ser julgada a não ser como um estado de emergência que a obrigue a viver na defensiva e fora do seu âmbito histórico, geográfico e cultural. Quando tudo isso se normalizar voltaremos ao assunto.

— A intervenção na Tchecoslováquia por parte dos soviéticos, em 1968, foi aprovada por Fidel Castro (com algumas reservas, é verdade). Qual foi a sua posição diante do mesmo fato?

— Foi pública e de protesto e tornaria a ser a mesma se as mesmas coisas tornassem a acontecer. A única diferença entre a minha posição e a de Fidel Castro (que não têm por que coincidir sempre nem em tudo) é que ele acabou por justificar a intervenção soviética e eu nunca o farei. Mas a análise que ele fez, no seu discurso sobre a situação interna das democracias populares, era muito mais crítica e dramática que a que fiz nos artigos de viagem de que falávamos há pouco. Em todo caso, o destino da América Latina não foi jogado nem o será na Hungria, na Polônia nem na Tchecoslováquia, mas sim será jogado na América Latina. O mais é uma obsessão europeia, da qual não estão a salvo algumas das suas perguntas políticas.

— Na década de 1970, devido à prisão do poeta cubano Heberto Padilla e da sua famosa autocrítica, alguns amigos seus mantiveram distância em relação ao regime cubano. Você não. Não assinou, o telegrama de protesto que enviamos, voltou a Cuba, fez-se amigo de Fidel. Que razões o levaram a adotar uma atitude muito mais favorável ao regime cubano?

— Uma informação muito melhor e mais direta e uma maturidade política que me permite uma compreensão mais serena, mais paciente e humana da realidade.

— Muitos escritores como você na América Latina falam do socialismo (marxista-leninista) como uma alternativa desejável. Não acha que é um pouco o "socialismo do vovô"? Pois esse socialismo não é hoje uma abstração generosa, e sim uma realidade não muito fascinante. Você admite isso? Depois do que aconteceu na Polônia, não se pode acreditar que a classe operária esteja no poder nesses países. Entre um capitalismo podre e um "socialismo" (entre aspas) também podre, você não vê uma terceira alternativa para o nosso continente?

— Não acredito numa terceira alternativa: acredito em muitas, e talvez em quase tantas quantos países existem nas nossas Américas, inclusive nos Estados Unidos. Minha convicção é que temos que inventar soluções nossas, em que se aproveitem até onde seja possível as que outros continentes conseguiram ao longo de uma história longa e acidentada, mas sem tentar copiá-las de modo mecânico, que é o que temos feito até agora. No final, irremediavelmente, essa será uma forma própria de socialismo.

— A propósito de outras opções: que papel pode desempenhar o governo de Mitterand na América Latina?

— Num almoço recente, o Presidente Mitterand perguntou no México a um grupo de escritores: "O que é que vocês esperam da França?" A discussão da resposta derivou para qual era o inimigo principal de quem. Os europeus presentes na mesa, convencidos de que estávamos às portas de uma nova divisão do mundo como a que foi feita em Yalta, disseram que o seu inimigo principal era a União Soviética. Nós, latino-americanos, dissemos que para nós o inimigo principal eram os Estados Unidos. Acabei de responder à pergunta do presidente (que é a mesma que você me faz agora) dessa forma: "Já que todos temos o nosso inimigo principal, agora o que nos falta na América Latina é um amigo principal, que bem pode ser a França socialista."

— Você acredita que a democracia tal como existe nos países capitalistas desenvolvidos é possível no Terceiro Mundo?

— A democracia dos países desenvolvidos é um produto do seu próprio desenvolvimento, e não o contrário. Tentar implantá-la crua nos países com outras culturas (como os da América Latina) é tão mecânico e irreal como tentar implantar o sistema soviético.

— Você acha então que a democracia é uma espécie de luxo dos países ricos? Lembre-se que ela comporta a preservação dos Direitos Humanos, pelos quais você vem lutando...

— Não estou falando dos princípios, mas sim das formas de democracia.

— A propósito, qual é o saldo da sua já longa luta em favor dos Direitos Humanos?

— É um saldo difícil de medir, porque os resultados de um trabalho como o meu no campo dos Direitos Humanos não são precisos e imediatos, mas sim acontecem às vezes quando menos se espera, e por uma conjunção de fatores, dentre os quais a gestão da gente é quase impossível de avaliar. Para um escritor famoso e acostumado a ganhar sempre, como eu, esse trabalho é uma escola de humildade.

— Qual foi, de todas as gestões empreendidas, a que mais satisfação lhe deu?

— A gestão que me deu uma satisfação mais imediata e emocionante, e além de tudo justa, foi antes da vitória sandinista, quando Tomás Borge, que hoje é ministro do Interior da Nicarágua, pediu-me que pensasse em algum argumento original para que sua esposa e sua filha de sete anos pudessem sair da Embaixada da Colômbia em Manágua, onde tinham se asilado. O ditador Somoza lhes negava o salvo-conduto porque eram nada mais nada menos que a família do último fundador sobrevivente da Frente Sandinista. Tomás Borge e eu examinamos a situação durante várias horas, até que encontramos um ponto útil: a menina tinha tido uma vez um problema de insuficiência renal. Consultamos um médico sobre o que isso podia significar nas circunstâncias em que a menina se encontrava e a sua resposta nos deu o argumento que procurávamos. Menos de quarenta e oito horas depois, a mãe e a menina estavam no México, graças a um salvo-conduto que lhes tinham dado por motivos humanitários e não políticos.

"O mais desalentador dos casos, em compensação, foi a minha contribuição para liberar dois banqueiros ingleses sequestrados pelos guerrilheiros de El Salvador em 1979. Chamavam-se Ian Massie e Michael Chaterton. Os dois homens iam ser executados quarenta e oito horas mais tarde, por falta de um acordo entre as partes, quando o General Omar Torrijos me telefonou, a pedido das famílias dos sequestrados, para me pedir que fizesse alguma coisa para salvá-los. Transmiti a mensagem aos guerrilheiros, através de numerosos intermediários, e chegou a tempo. Eu me comprometia a conseguir com que as negociações do resgate se reiniciassem imediatamente e eles aceitaram. Pedi então a Graham Greene, que vivia em Antibes, que fizesse o contato com a parte inglesa. A negociação entre os guerrilheiros e o banco durou quatro meses, e nem Graham Greene nem eu tivemos nenhuma participação nela, pois assim tínhamos estabelecido. Mas cada vez que havia uma dificuldade, alguma das partes se punha em contato comigo para que se reiniciassem as conversações. Os banqueiros foram liberados, mas nem Graham Greene nem eu nunca recebemos qualquer sinal de gratidão.

Isso não me importava, é claro, mas me surpreendeu. Ao fim de muitas reflexões, só me ocorreu uma explicação: Graham Greene e eu tínhamos feito as coisas tão bem que os ingleses devem ter pensado que éramos cúmplices dos guerrilheiros."

— Muitos consideram você uma espécie de embaixador volante na área do Mar das Antilhas. Um embaixador de boa vontade, naturalmente. Amigo pessoal de Castro, mas também de Torrijos, de Carlos Andrés Pérez, da Venezuela; de Alfonso Lópes Michelsen, da Colômbia, dos sandinistas... Você é um interlocutor privilegiado. O que o motiva a desempenhar esse papel?

— Os três personagens que você citou coincidiram no poder num momento crucial para o Mar das Antilhas, e foi uma coincidência feliz. Foi uma pena que não tenham podido trabalhar mais tempo da forma coordenada como o fizeram. Num certo momento, eles três, com Fidel Castro em Cuba e um presidente como Jimmy Carter nos Estados Unidos, poderiam sem dúvida alguma encaminhar essa área conflitiva por um bom caminho. A comunicação que existiu entre eles foi constante, muito positiva, e não só fui testemunha dela, como prestei a minha colaboração até onde me foi possível. Acho que a América Central e o Mar das Antilhas, que para mim são a mesma coisa e não entendo bem por que têm dois nomes diferentes, estão num momento histórico e num grau de maturidade que lhes permitiriam sair do seu embaraço tradicional, mas acho também que os Estados Unidos não o permitem, porque isso implica uma renúncia a privilégios muito antigos e exagerados. Carter, com todas as suas limitações, foi o melhor interlocutor que teve o Mar das Antilhas nos últimos anos e a coincidência de Torrijos, Carlos Andrés Pérez e López Michelsen foi muito importante para o diálogo. Minha convicção de que isso era assim foi o que me impulsionou a desempenhar um papel, talvez muito modesto, mas muito interessante para mim, naquele momento histórico. E que foi, simplesmente, o de um intermediário oficioso num processo que teria chegado muito longe, se não fosse a catastrófica eleição de um presidente norte-americano que representava precisamente os interesses contrários. Torrijos dizia que o meu trabalho era de "diplomacia secreta" e disse muitas vezes, em público, que eu tinha o costume de transmitir de tal modo as mensagens negativas, que as fazia parecer positivas. Nunca fiquei sabendo se era um pito ou um elogio.

— Que tipo de governo você desejaria para o seu país?

— Qualquer governo que faça os pobres felizes. Imagine!

MULHERES

— Uma vez você teve a sorte de encontrar a mulher mais bela do mundo (num coquetel?). Entre a mulher mais bela do mundo e você houve, ao que parece, uma espécie de *coup de foudre*. Ela marcou um encontro na porta de um banco, no dia seguinte. Você foi ao encontro. E quando todas as circunstâncias eram propícias para que entre a mulher mais bela do mundo e você acontecesse alguma coisa, você fugiu. Como um coelho. Já que se tratava da mulher mais bela do mundo (você pensou), aquela que não poderia ser uma história banal, e para você (sabemos isso de sobra) Mercedes, o seu casamento com Mercedes, é mais importante que qualquer coisa. Devemos entender que a felicidade conjugal tem como preço esse tipo de sacrifícios heroicos?

— O seu único erro na evocação dessa velha história é que o seu desenlace não teve nada a ver com a felicidade conjugal. A mulher mais bela do mundo não tinha que ser, necessariamente, a mais apetecível, no sentido que entendo esse tipo de relações. Minha impressão, ao fim de uma breve conversa, foi que o seu temperamento podia me causar certos conflitos emocionais que talvez não fossem compensados pela sua beleza. Sempre acreditei que nada se compara com a lealdade de uma mulher, sob a condição de que se estabeleçam as regras do jogo desde o princípio, e que sejam cumpridas sem enganos de nenhum tipo. A única coisa que essa lealdade não pode suportar é a mínima violação das regras estabelecidas. Talvez tenha me parecido que a mulher mais bela do mundo não conhecia esse xadrez universal e queria jogar com peças de outra cor. Talvez, em última instância, não tivesse melhores virtudes que a sua beleza, e esta não era bastante para estabelecer uma relação que fosse boa para ambos. Assim sendo, o sacrifício foi heroico, mas não demais. Toda a história, que não durou mais de meia hora, deixou entretanto alguma coisa importante: um conto de Carlos Fuentes.

— Até que ponto as mulheres foram importantes na sua vida?

— Não poderia entender a minha vida, tal como é, sem a importância que nela tiveram as mulheres. Fui criado por uma avó e numerosas tias que se revezavam nas suas atenções para comigo e por mulheres da criadagem, que me davam instantes de grande felicidade durante a minha infância porque tinham, se não menos preconceitos, pelo menos preconceitos diferentes dos das mulheres da família. A que me ensinou a ler era uma professora muito bonita, muito graciosa, muito inteligente, que me inculcou o gosto de ir à escola só para vê-la. Em todos os momentos da minha vida há uma mulher que me leva pela mão nas trevas de uma realidade que as mulheres conhecem melhor que os homens e nas quais se orientam melhor com menos luzes. Isso acabou por se transformar num sentimento que é quase uma superstição: sinto que nada de ruim pode me acontecer quando estou entre mulheres. Produzem-me um sentimento de segurança sem o qual não poderia ter feito nenhuma das coisas boas que fiz na vida. Sobretudo, acho que não poderia ter escrito. Isso também quer dizer, naturalmente, que me entendo melhor com elas que com os homens.

— Em *Cem anos de solidão* as mulheres botam ordem onde os homens introduzem o caos. É a sua visão do papel histórico dos dois sexos?

— Até *Cem anos de solidão,* essa repartição de destinos entre o homem e a mulher foi espontânea e inconsciente nos meus livros. Foram os críticos, e em especial Ernesto Volkening, que me fizeram perceber isso, e não gostei nada, porque a partir daí já não construo os personagens femininos com a mesma inocência que antes. Em todo caso, analisando os meus próprios livros com essa ótica, descobri que, com efeito, parece corresponder à visão histórica que tenho dos dois sexos: as mulheres mantêm a ordem da espécie com punho de ferro, enquanto os homens andam pelo mundo empenhados em todas as loucuras infinitas que puxam a história. Isso me fez pensar que as mulheres carecem de sentido histórico: com efeito, se não fossem assim, não poderiam cumprir a sua função primordial de perpetuar a espécie.

— Onde se formou em você essa visão do papel histórico das mulheres e dos homens?

— Talvez na casa dos meus avós, enquanto escutava as histórias sobre as guerras civis. Sempre pensei que elas não teriam sido possíveis se as mulheres não dispusessem dessa força quase geológica que lhes permite carregar o mundo nos ombros sem ter medo de nada. Com efeito, meu avô me contava que os homens iam para a guerra com uma espingarda, sem saber nem sequer para onde iam, sem a menor ideia de quando voltariam e, é claro, sem se preocupar com o que ia acontecer em casa. Não importava: as mulheres ficavam encarregadas da espécie, fazendo os homens que iam substituir os que caíssem na guerra, e sem mais recursos que a sua própria fortaleza e imaginação. Eram como as mães gregas que se despediam dos seus homens quando iam para a guerra: "Volte com o escudo ou sobre o escudo." Isto é, vivo ou morto, mas nunca derrotado. Muitas vezes pensei se este modo de ser das mulheres, que no Mar das Antilhas é tão evidente, não será a causa do nosso machismo. Isto é: se em geral o machismo não será produto das sociedades matriarcais.

— Parece que você gira sempre em torno do mesmo tipo de mulher, muito bem representado em *Cem anos de solidão* por Ursula Iguarán: a mulher mãe, destinada a preservar a espécie. Mas existem também nesse mundo (você deve tê-las encontrado na vida) as mulheres instáveis, as mulheres castradoras ou as simplesmente "iluminadoras". O que é que você faz com elas?

— Essas, em geral, o que andam procurando é um papai. De modo que à medida que a gente envelhece fica mais propenso a encontrá-las. Um pouco de boa companhia, um pouco de compreensão, inclusive um pouco de amor, é tudo quanto necessitam e costumam agradecer por isso. Um pouco de tudo apenas, é claro, porque a sua solidão é insaciável.

— Você se lembra da primeira vez em que ficou perturbado por causa de uma mulher?

— A primeira que me fascinou, como já disse a você, foi a professora que me ensinou a ler aos cinco anos. Mas aquilo era diferente. A primeira que me inquietou foi uma moça que trabalhava lá em casa. Uma noite havia música na casa ao lado e ela, com a maior inocência, me tirou para dançar no pátio. O contato do seu corpo com o meu, quando eu tinha uns seis anos, foi um cataclismo emocional do qual ainda não me refiz, porque nunca mais o tornei a sentir com tanta intensidade e, sobretudo, com tal sensação de desordem.

— E a última que inquietou você?

— Posso dizer que foi uma que vi ontem num restaurante de Paris e não estaria dizendo mentira. Acontece a cada instante, de modo que não faço as contas. Tenho um instinto muito especial: quando entro num lugar cheio de gente, sinto uma espécie de sinal misterioso que me dirige a vista, irremediavelmente, para o local onde está a mulher que mais me inquieta entre a multidão. Não costuma ser a mais bela, mas sim uma com a qual, sem dúvida, tenho afinidades profundas. Nunca faço nada: basta-me saber que ela está aí e isso me alegra bastante. É uma coisa tão pura e tão bonita que às vezes a própria Mercedes me ajuda a localizá-la e a escolher o posto que mais me convém.

— Você afirma que não tem uma gota de machista. Poderia dar um exemplo para provar a qualquer feminista desconfiada que você não é?

— A concepção que têm do machismo as chamadas feministas não é a mesma em todas elas, nem sempre coincide com a minha própria concepção. Há feministas, por exemplo, que o que desejam realmente é ser homens, o que as define de uma vez como machistas frustradas. Outras reafirmam a sua condição de mulher com uma conduta que é mais machista que a de qualquer homem. De modo que é muito difícil demonstrar qualquer coisa nesse terreno, ao menos em termos teóricos. Demonstra-se com a prática: *Crônica de uma morte anunciada,* para citar apenas um dos meus livros, é sem dúvida uma radiografia e ao mesmo tempo uma condenação da essência machista da nossa sociedade. Que é naturalmente, uma sociedade matriarcal.

— Como definiria, então, o machismo?

— Diria que o machismo, tanto nos homens quanto nas mulheres, não é mais que a usurpação do direito alheio. Simples assim.

— O patriarca é um homem sexualmente primitivo. Lembra-se disso o seu duplo, no momento de morrer envenenado. Acredita que essa circunstância influiu no seu caráter ou no seu destino?

— Acho que foi Kissinger quem disse que o poder é afrodisíaco. A história demonstra, em todo caso, que os poderosos vivem como que atribulados por uma espécie de frenesi sexual. Diria que a minha ideia em *O outono do patriarca* é mais complexa: o poder é um substituto do amor.

— Justamente: nos seus livros, quem procura e consegue o poder parece incapaz de amar. Penso não só no patriarca, mas também no Coronel Aureliano Buendía. Essa incapacidade é causa ou consequência do seu gosto pelo poder?

— Dentro da minha ideia, acho que a incapacidade para o amor é o que os impulsiona a procurar o consolo do poder. Mas nunca estou muito certo dessas especulações teóricas, que no meu caso são sempre *a posteriori*. Prefiro deixar para os outros, que as fazem melhor e se divertem mais com isso.

— O tenente de *O veneno da madrugada* parece ter problemas sexuais. É um impotente ou talvez um homossexual?

— Nunca acreditei que o tenente de *O veneno da madrugada* fosse homossexual, mas devo admitir que o seu comportamento pode provocar essa suspeita. De fato, em alguma versão de rascunho, era alguma coisa que se cochichava no povoado, mas eliminei isso porque me pareceu fácil demais. Preferi que os leitores decidissem. Do que não há dúvida é da sua incapacidade para o amor, embora eu não pensasse nisso de modo consciente quando estruturei o personagem, e só o soube depois, quando trabalhava sobre o temperamento do Coronel Aureliano Buendía. Em todo caso, a coerência que há entre esses dois personagens e o patriarca não é na linha do comportamento sexual, e sim na linha do poder. O tenente de *O veneno da madrugada* foi a minha primeira tentativa concreta de explorar o mistério do poder (num nível tão modesto como o de um prefeito de um povoado) e a mais complexa foi a do patriarca. A coerência é demonstrável: o Coronel Aureliano Buendía poderia ter sido muito bem, num nível, o tenente de *O veneno da madrugada,* e em outro, o patriarca. Quero dizer que em ambos os casos o seu comportamento teria sido o mesmo.

— Realmente lhe parece muito grave a incapacidade para o amor?

— Acho que não existe maior desgraça humana. Não só para quem padece dela como também quem tenha o infortúnio de passar por dentro da sua órbita.

— A liberdade sexual tem para você algum limite? Qual seria?

— Todos somos reféns dos nossos preconceitos. Em teoria, como homem de mentalidade liberal, acho que a liberdade sexual não deve ter nenhum limite. Na prática, não posso fugir aos preconceitos da minha formação católica e da minha sociedade burguesa, e estou à mercê, como todos nós, de uma dupla moral.

— Você foi pai de homens. Perguntou-se alguma vez como teria sido como pai de filhas? Rígido? Tolerante? Ciumento, talvez?

— Sou pai só de homens e você é pai só de mulheres. Só posso lhe dizer que somos tão ciumentos dos nossos filhos como vocês são das suas filhas.

— Uma vez você disse que todos os homens são impotentes, mas que sempre se encontra uma mulher que resolve o problema para eles. Até que ponto julga que são fortes as nossas inibições masculinas?

— Acho que foi um francês que disse: "Não há homens impotentes, mas sim mulheres que não sabem." Com efeito, apesar de muito poucos reconhecerem, todo homem normal chega morto de medo a uma experiência sexual nova. A explicação desse medo, acho eu, é cultural: tem medo de ficar mal com a mulher e na realidade fica, porque o medo o impede de ficar tão bem como lhe impõe o seu machismo. Nesse sentido, todos somos impotentes e só a compreensão e a ajuda da mulher nos permite ir adiante com certo decoro. Não é ruim: isso traz um encanto adicional ao amor, no sentido de que cada vez é como se fosse a primeira e cada casal tem que começar a aprender outra vez desde o princípio, como se fosse a primeira tentativa de cada um. A carência dessa emoção e desse mistério é o que torna inaceitável e tão chata a pornografia.

— Quando você era muito jovem, muito pobre e inteiramente desconhecido, sofreu às vezes por falta de mulheres. Hoje, com a fama, sobram-lhe as oportunidades com elas. Mas a necessidade de manter a sua vida particular em ordem faz de você essa peça tão rara que é um homem difícil. Você não se ressente disso, no fundo, como de uma injustiça do destino?

— O que me impede de ser, como se diz, um garanhão público, não é a necessidade de preservar a minha vida privada, mas sim o fato de que não entendo o amor como um assalto momentâneo e sem consequências. Para mim é uma relação recíproca, longa e a fogo lento, e é isso que torna quase impossível para mim multiplicar minhas circunstâncias atuais. Não me refiro, é claro, às tentações passageiras, frutos da vaidade, da curiosidade e até do tédio, que não deixam rastros nem sequer da cintura para baixo. De qualquer maneira, estou certo há muito tempo de que não há mais nenhuma força telúrica capaz de transformar isso que você chama a ordem da minha vida particular e que todos entendemos, sem muitas explicações, o que quer dizer.

SUPERSTIÇÕES, MANIAS, GOSTOS

— Você disse isso uma vez: "Quem não tiver Deus, que tenha superstições." É um assunto sério para você.

— Muito sério.

— Por quê?

— Acho que as superstições, ou o que chamam de superstições, podem corresponder a faculdades naturais que um pensamento racionalista, como o que domina no Ocidente, resolveu repudiar.

— Comecemos pelas mais correntes: o número treze. Você acha realmente que traz má sorte?

— Pois acho exatamente o contrário. Os que sabem fazem acreditar que tem efeitos maléficos (e os norte-americanos acreditaram: seus hotéis passam do andar doze para o andar quatorze), só para que os outros não o usem e sejam eles os beneficiários únicos do segredo: é um número de bom agouro. O mesmo acontece com os gatos pretos e com o fato de passar por debaixo de uma escada.

— Sempre há flores amarelas na sua casa. Que significado têm?

— Enquanto houver flores amarelas, nada de ruim pode me acontecer. Para me sentir seguro, preciso ter flores amarelas (de preferência rosas amarelas) ou estar cercado de mulheres.

— Mercedes põe sempre na sua mesa de trabalho uma rosa.

— Sempre. Já me aconteceu muitas vezes estar trabalhando sem resultado; não sai nada, rasgo uma folha de papel depois da outra. Então torno a olhar para a floreira e descubro a causa: a rosa não está lá. Dou um grito, trazem-me a flor e tudo começa a sair bem.

— Para você o amarelo é uma cor de sorte?

— O amarelo sim, mas não o ouro, nem a cor de ouro. Para mim o ouro se identifica com a merda. No meu caso é uma recusa da merda, conforme me disse um psicanalista. Desde criança.

— Em *Cem anos de solidão* um personagem compara o ouro com o cocô de cachorro.

— Sim, quando José Arcádio Buendía descobre a fórmula para transmutar os metais em ouro e mostra a seu filho o resultado da experiência, este diz: "Parece merda de cachorro."

— De modo que você nunca usa ouro.

— Jamais. Nem pulseira, nem corrente, nem relógio, nem anel de ouro. Você também não vê na minha casa um só objeto que tenha ouro.

— Você e eu aprendemos na Venezuela uma coisa que nos serviu de muito na vida: a relação que existe entre o mau gosto e a má sorte. A "pava", como chamam os venezuelanos esse efeito maléfico que podem ter objetos, atitudes ou pessoas de gosto rebuscado.

— É uma defesa extraordinária que o bom senso popular levantou na Venezuela contra a explosão de mau gosto dos novos-ricos.

— Você fez, se não me engano, uma lista completa de objetos e coisas que têm "pava". Lembra-se agora de algumas?

— Bom, há as óbvias, as elementares. Os caracóis detrás da porta...

— Os aquários dentro das casas...

— As flores de plástico, os pavões, as mantilhas de seda bordada... A lista é muito grande.

— Você citou uma vez esses rapazes que na Espanha entram para cantar num restaurante com longas capas pretas.

— As estudantinas. Poucas coisas são tão azarentas como essa.

— E as roupas de cerimônia?

— Também, mas gradativamente. O fraque tem mais "pava" que o *smoking,* e menos que a casaca. O *summer* é o único traje desse gênero que se salva.

— Você nunca vestiu um fraque?

— Nunca.

— Nunca o vestiria? Se chegar a ganhar o Prêmio Nobel vai ter que usá-lo.

— Já me aconteceu em outras ocasiões dar como condição para assistir a um evento ou cerimônia não ter que vestir o fraque. O que vamos fazer: é "pavoso".

— Tínhamos encontrado outras formas mais sutis da "pava". Você decidiu uma vez, por exemplo, que fumar nu não tinha efeitos maléficos, mas que fumar nu e passeando, sim.

— E andar nu com sapatos.

— Claro.

— Ou fazer amor de meias calçadas. É fatal. Não pode dar certo.

— Que outras coisas?

— Os inválidos que tiram partido dos seus defeitos para tocar um instrumento musical. Por exemplo, os aleijados que tocam bateria com os pés ou uma flauta com a orelha. Ou os músicos cegos.

— Suponho que haverá palavras com efeitos maléficos. Quero dizer, palavras que você nunca usa escrevendo.

— Em geral, as palavras tiradas da linguagem dos sociólogos: nível, parâmetro, contexto. Simbiose é uma palavra com "pava".

— Enfoque, também.

— Enfoque, claro. E que tal o "minusválida"? Nunca uso o "e/ou" ou o "por" ou "em face de".

— E pessoas com o mesmo efeito?

— Existem, mas é melhor não falar delas.

— Também acho. Há um escritor que leva a "pava" para onde aparecer. Não o cito, porque se o fizer este livro vai dar em merda. O que você faz quando encontra uma pessoa assim?

— Evito-a. Principalmente, não durmo no mesmo lugar que ela. Há alguns anos, aluguei com Mercedes um apartamento num povoado da Costa Brava. Descobrimos de repente que uma vizinha, uma senhora que veio nos cumprimentar, tinha "pava". Eu me neguei a dormir naquele lugar. De dia ficava ali, mas não de noite. De noite ia dormir no apartamento de um amigo. Mercedes chegou a se zangar por isso, mas eu não podia fazer outra coisa.

— Existem lugares que lhe produzem o mesmo efeito?

— Sim, mas não porque tragam em si má sorte, e sim porque neles tive num dado momento uma má premonição. Aconteceu com Cadaqués. Sei que se voltar lá eu morro.

— Você ia lá todo verão, o que aconteceu?

— Estávamos hospedados num hotel, quando começou a soprar a tramontana, esse vento terrível que arrasa os nervos. Ficamos Mercedes e eu três dias trancados no quarto sem poder sair. Tive então, sem dúvida alguma, a impressão de estar enfrentando um risco mortal. Soube que se saísse vivo de Cadaqués, não poderia voltar nunca mais. Quando cessou o vento, fomos embora imediatamente por aquela estrada que você conhece, estreita e cheia de curvas. Só consegui respirar tranquilo quando cheguei a Gerona. Estava salvo por milagre, mas não me salvaria na próxima vez, se voltasse.

— As suas famosas premonições. Como as explica?

— Acho que obedecem a informações ou pistas recolhidas pelo subconsciente.

— Lembro-me daquele 1º de janeiro de 1958, em Caracas, quando você teve a impressão de que alguma coisa de grave ia acontecer de um momento para o outro. E aconteceu, efetivamente: um bombardeio ao palácio presidencial, quase nas nossas barbas, que ninguém podia prever. Ainda me pergunto como e por que você teve aquela premonição.

— Com certeza ao acordar na pensão onde estava hospedado, ouvi voar um avião de guerra. Deve ter ficado no meu subconsciente a impressão de que alguma coisa especial estava ocorrendo, pois eu vinha da Europa onde os aviões militares só voam sobre as cidades em tempos de guerra.

— Essas premonições se manifestam de um modo muito nítido?

— Não, confusamente, como um medo relacionado, sim, com uma coisa concreta. Veja, outro dia, estando em Barcelona, ao amarrar o sapato tive de repente o pressentimento de que alguma coisa acabava de acontecer na minha casa no México. Não necessariamente alguma coisa ruim. Alguma coisa. Mas me assustei porque naquele dia meu filho Rodrigo ia sair de automóvel para Acapulco. Pedi a Mercedes que telefonasse para casa. Tinha acontecido alguma coisa, realmente, no momento em que amarrava o sapato: a moça que trabalhava conosco tinha dado à luz. Um menino. Respirei aliviado, porque a premonição não tinha nada a ver com Rodrigo.

— Acho que as suas premonições e intuições serviram muito a você. Muitas decisões importantes da sua vida se baseiam nelas.

— Não só as mais importantes. Todas.

— Todas, realmente?

— Todas e todos os dias. Cada vez que decido alguma coisa o faço de maneira intuitiva.

— Falemos das suas manias. Qual a maior de todas?

— A mais antiga e permanente de todas é a pontualidade. Tenho-a desde menino.

— Você contava antes que quando comete um erro na máquina de escrever repete a folha. Mania ou superstição?

— Mania. Um erro de datilografia ou uma rasura já é para mim um erro de estilo. (Pode ser também mero medo de escrever.)

— Você tem manias com a roupa? Quero dizer, há peças que você não veste porque dão azar?

— Muito poucas vezes. Na realidade, se tiver um pouco de "pava", já sei antes de comprar. Uma vez, entretanto, parei de vestir um casaco por culpa da Mercedes. Voltando da escola com os meninos, pensou que me viu numa janela da casa com aquele casaco, que era xadrez. Eu estava, na realidade, em outro lugar. Quando me contou aquela história, nunca mais tornei a vestir o casaco. E o adorava, é claro.

— Falemos das coisas de que você gosta, como nas revistas femininas. É divertido perguntar a você o que entre nós se pergunta às rainhas da beleza. Seu livro preferido?

— *Édipo Rei.*

— Seu compositor favorito?

— Béla Bartók.

— E o pintor?

— Goya.

— Os diretores de cinema que você mais admira?

— Orson Welles, principalmente por *Uma história imortal,* e Kurosawa por O *barba ruiva.*

— O filme de que você mais gostou em toda a sua vida?

— *De crápula a herói,* de Rossellini.

— E depois, de que outro?

— *Jules et Jim,* de Truffaut.

— Qual o personagem cinematográfico que você mesmo gostaria de criar?

— O General de la Rovere, em *De crápula a herói.*

— O personagem histórico que mais lhe interessa?

— Júlio César, mas de um ponto de vista literário.

— O que você mais detesta?

— Cristóvão Colombo. Além disso, tinha "pava". Quem diz isso é um personagem de O *outono do patriarca.*

— Seus heróis de romance favorito?

— Gargantua, Edmond Dantés e o Conde Drácula.

— O dia que você detesta?

— O domingo.

— A cor é conhecida: o amarelo. Mas que tipo de amarelo exatamente?

— Precisei isso uma vez: o amarelo do Mar das Antilhas às três da tarde, visto da Jamaica.

— E o seu pássaro favorito?

— Também já disse. É o *canard à Vorange.*

CELEBRIDADE E CELEBRIDADES

— Falemos de um assunto incômodo, a celebridade. As amizades, muito numerosas, que você adquiriu depois de famoso, têm o mesmo grau de profundidade que as outras? Você sabe descobrir quando são autênticas ou quando respondem apenas à atração que provoca a celebridade?

— Durante vários anos tive os meus amigos divididos entre os anteriores e os posteriores a *Cem anos de solidão*. Queria dizer com isso que os primeiros me pareciam mais seguros, porque nos tornamos amigos por muitos motivos diversos, mas nenhum por causa da minha celebridade. Com o tempo percebi o meu erro: os motivos da amizade são múltiplos e insondáveis, e um deles, tão legítimo como qualquer outro, é a atração que provoca a celebridade. Isso funciona em dois sentidos, é claro: eu também conheci agora muitas pessoas célebres que não poderia conhecer antes; conheci-as por causa da sua celebridade, e só por causa da sua celebridade, e depois me tornei amigo delas porque descobri afinidades que não têm nada a ver com a celebridade delas nem com a minha. Digamos que a celebridade é positiva nesse sentido, porque oferece oportunidades muito ricas para fazer amizades que de outra forma não seriam possíveis. Com tudo isso e apesar do carinho que sinto pelos meus amigos mais recentes, os meus amigos anteriores a *Cem anos de solidão* continuam sendo para mim um grupo à parte, uma espécie de loja secreta, fortalecida por um elemento unificador quase indestrutível, que são as saudades comuns.

— Você não acha que a celebridade modificou um pouco a sua relação com eles? Um exemplo: você não escreve mais cartas como fazia antes.

— É verdade: não confio em ninguém com a mesma inocência de antes, não porque não seja capaz, em meio à incerteza da fama, mas sim porque a vida acaba por tornar a gente cada vez menos inocente. É verdade que não tornei a escrever cartas há uns doze anos, e não só aos meus amigos mas também a ninguém, desde que fiquei sabendo, por casualidade, que alguém tinha vendido umas cartas pessoais minhas para os arquivos de uma universidade dos Estados Unidos. A descoberta de que as minhas cartas eram também uma mercadoria me causou uma depressão terrível e não tornei mais a escrevê-las.

— Agora você telefona para os seus amigos...

— Ou dou a volta ao mundo para me encontrar com eles, e por um custo louco, o que é mais uma demonstração do imenso apreço que tenho por eles.

— Entre os seus amigos recentes há chefes de Estado. Alguns deles, eu sei, ouvem ou consultam você. Não haverá dentro de você uma vocação de político? Ou talvez se trate de um secreto fascínio pelo poder...

— Não, o que acontece é que tenho uma paixão avassaladora pela vida e um aspecto dela é a política. Mas não é o aspecto de que mais gosto e me pergunto se me ocuparia dele se tivesse nascido num continente com menos problemas políticos que a América Latina. Isto é: considero-me um político de emergência.

— Todos os escritores latino-americanos da sua geração se ocupam de política. Mas você faz isso num grau maior. Citava a sua amizade com alguns chefes de Estado, por exemplo.

— Minha relação pessoal com eles é mais uma consequência das oportunidades de relação quase infinitas que oferece a celebridade (tanto a deles quanto a minha). Mas a amizade com alguns deles é o resultado de afinidades de tipo pessoal, que não têm nada a ver com o poder e com a fama.

— Você não reconhece ter um secreto fascínio pelo poder?

— Sim, sinto um grande fascínio pelo poder e não é um fascínio secreto. Pelo contrário: acho que é evidente em muitos dos meus personagens, até em Ursula Iguarán, que é talvez onde menos os críticos notaram, e é evidentemente a razão de ser de *O outono do patriarca*. O poder é sem dúvida a expressão mais alta da ambição e da vontade humana; e não entendo como existem escritores que não se deixam inquietar por alguma coisa que afeta e às vezes determina a realidade em que vivem.

— E você, pessoalmente, não teve tentação pelo poder?

— Nunca. Existem muitas provas na minha vida de que sempre me esquivei de um modo sistemático de qualquer possibilidade de poder, em qualquer nível, porque não tenho vocação, nem formação, nem decisão. Três elementos que são essenciais em qualquer ofício e que acredito que tenho muito bem definidos como escritor. Equivocar-se de destino é também um grave erro político.

— Fidel Castro é muito amigo seu. Como explica essa amizade com ele? O que entra mais em jogo nela, as afinidades políticas ou o fato de ser ele, como você, um homem do Mar das Antilhas?

— Veja bem, minha amizade com Fidel Castro, que considero muito pessoal e mantida por um grande afeto, começou pela literatura. Tinha conversado com ele de um modo casual quando trabalhávamos na Prensa Latina, em 1960, e não senti que tivéssemos muito o que falar. Mais tarde, quando eu era um escritor famoso e ele era o político mais conhecido do mundo, vimo-nos várias vezes com muito respeito e muita simpatia, mas não tive a impressão de que aquela relação pudesse ir mais longe que as nossas afinidades políticas. Entretanto, uma madrugada, há uns seis anos, disse-me que precisava ir para casa porque tinha à sua espera muitos documentos para ler. Aquele dever inescapável, disse-me, o aborrecia e cansava. Eu lhe sugeri que lesse alguns livros que uniam ao seu valor literário uma amenidade boa para aliviar o cansaço da leitura obrigatória. Citei-lhe muitos e descobri com surpresa que já tinha lido todos e com muito bom critério. Nessa noite descobri o que muito poucos sabem: Fidel Castro é um leitor voraz, amante e conhecedor muito sério da boa literatura de todos os tempos, e até mesmo nas circunstâncias mais difíceis tem um livro interessante à mão para encher qualquer vazio. Deixei com ele um livro ao nos despedirmos, às quatro da madrugada, depois de uma noite inteira de conversa, e ao meio-dia seguinte tornei a encontrá-lo com o livro já lido. Além disso, é um leitor tão atento e minucioso que encontra contradições e dados falsos onde a gente menos imagina. Depois de ler *O relato de um náufrago,* foi ao meu hotel só para me dizer que havia um erro no cálculo da velocidade do navio, de modo que a hora de chegada não podia ser a que eu disse. Tinha razão. De modo que antes de publicar *Crônica de uma morte anunciada,* levei-lhe os originais e ele me apontou um erro nas especificações do fuzil de caça. A gente sente que ele gosta do mundo da literatura, que se sente muito à vontade dentro dele e tem prazer em cuidar da forma literária dos seus discursos escritos, que são cada vez mais frequentes. Numa determinada ocasião, não sem um certo ar de melancolia, disse-me: "Na minha próxima reencarnação quero ser escritor."

— E a sua amizade com Mitterrand também tem como base a literatura?

— Também a amizade com Mitterrand começou pela literatura. Pablo Neruda falou com ele sobre mim quando era embaixador do Chile na França, de modo que quando

Mitterrand visitou o México, há uns seis anos, convidou-me para o café da manhã. Eu tinha lido os livros dele, em que sempre admirei uma evidente vocação literária e um fervor pela linguagem que só é possível num escritor nato. Também ele tinha lido os meus livros. Dessa vez, e na noite seguinte durante um jantar, falou-se muito de literatura, embora sempre tenha tido a impressão de que a nossa formação literária é diversa e os nossos autores preferidos não são os mesmos. Principalmente porque conheço mal a literatura francesa e ele a conhece a fundo como um verdadeiro profissional. Entretanto, ao contrário do que me aconteceu com Fidel Castro, as circunstâncias em que nos encontramos sempre, principalmente depois que ele chegou à presidência da república, levam-nos sempre a falar de política e quase nunca de literatura. No México, em outubro de 1981, o Presidente Mitterrand convidou Carlos Fuentes, o grande poeta e crítico de arte guatemalteco Luis Cardoza y Aragón e a mim para almoçar. Foi um almoço político muito importante. Mas depois soube que a Sra. Danielle Mitterrand tinha sofrido uma grande desilusão, porque esperava assistir a uma conversa literária. No breve discurso que Mitterrand pronunciou no Palácio do Eliseu quando me impôs a Legião de Honra em dezembro de 1981, o que mais me comoveu, quase até as lágrimas, foi uma frase que sem dúvida emocionou a ele tanto quanto a mim: *"Vous appartenez au monde que j'aime."*

— Você foi muito amigo do General Omar Torrijos, o homem forte do Panamá. Como nasceu essa amizade?

— Minha amizade com o General Torrijos começou com uma briga. Declarei numa entrevista, talvez em

1973, que ele era um demagogo que se escudava numa campanha de recuperação do Panamá, mas que na realidade não estava fazendo nada para realizar no Panamá as mudanças sociais que eram indispensáveis. O cônsul panamenho em Londres me procurou para me dizer que Torrijos me convidava para ir ao Panamá, de modo que eu pudesse comprovar até que ponto era injusta a minha declaração. Suspeitando que o que Torrijos estava procurando era um golpe de propaganda, disse que aceitava o seu convite, mas sob a condição de que não se publicasse a notícia da minha visita. Ele aceitou. Mas dois dias antes da minha chegada ao Panamá, as agências de notícias transmitiram a nota da minha visita. Passei ao largo para a Colômbia. Torrijos, muito envergonhado pelo que na realidade tinha sido um abuso de confiança de alguém diferente dele, insistiu no convite. Fiz a visita incógnito, poucos meses depois, mas quando quis ver Torrijos só pude encontrá-lo vinte e quatro horas depois, apesar de ter solicitado a ajuda da Segurança Nacional. Quando afinal me recebeu, morrendo de rir, disse: "Você sabe por que a Segurança não conseguiu me encontrar? Porque estava na minha casa, que é o último lugar onde qualquer pessoa, até mesmo a Segurança, pode imaginar que estou." A partir desse momento nos tornamos amigos, com uma verdadeira cumplicidade caraíba, e em uma ocasião, quando as negociações sobre o Canal do Panamá tinham se tornado muito tensas e incertas, ficamos os dois sozinhos quinze dias na base militar de Farallón, conversando sobre tudo e tomando uísque. Não me atrevia a ir embora, porque fazia a péssima ideia de que se ele ficasse sozinho não ia resistir à tensão e acabaria se dando um tiro. Nunca vou saber se o meu medo era infundado, mas em todo caso sempre acreditei que o aspecto mais negativo da personalidade de Torrijos era a sua vocação de mártir.

— Alguma vez falou de livros com ele?

— Torrijos não tinha o hábito da leitura. Era inquieto e impaciente demais para ler de um modo sistemático, mas se mantinha a par dos livros que estavam em primeiro plano. Tinha uma intuição quase animal, como não conheci outra na vida, e um senso da realidade que às vezes se podia confundir com uma faculdade divinatória. Ao contrário de Fidel Castro, que fala sem descanso sobre uma ideia que lhe atormente a cabeça, até que consiga arredondá-la de tanto falar dela, Torrijos se fechava num hermetismo absoluto e seus amigos sabíamos que estava pensando outra coisa diferente da que estava falando. Era o homem mais desconfiado que já conheci e o mais imprevisível.

— Quando o viu pela última vez?

— Três dias antes da sua morte. No dia 23 de julho de 1981 estava com ele na sua casa do Panamá e me convidou a acompanhá-lo numa viagem pelo interior do país. Nunca pude saber o motivo, mas pela primeira vez desde que éramos amigos, eu disse que não. Fui para o México no dia seguinte. Dois dias depois, um amigo telefonou para me dizer que Torrijos tinha morrido no avião em que viajáramos juntos tantas vezes, como tantos amigos. Minha reação foi uma raiva visceral, porque só então percebi que gostava dele muitíssimo mais do que acreditava e que nunca poderia me acostumar com a sua morte. Cada dia que passa me convenço de que será assim.

— Graham Greene também foi muito amigo de Torrijos. Você lia muito Greene e depois o conheceu. Qual é a sua impressão dele?

— É um dos escritores que li mais e melhor, desde o meu tempo de estudante, e um dos que mais me ajudaram a decifrar o trópico. Com efeito, a realidade na literatura não é fotográfica mas sintética, e encontrar os elementos essenciais para essa síntese é um dos segredos da arte de narrar. Graham Greene o conhece muito bem e com ele os aprendi, e acho que em alguns dos meus livros, principalmente em O veneno da madrugada, isso se nota demais.

"Não conheço nenhum outro escritor que se pareça tanto com a imagem que eu tinha dele antes de conhecê-lo, como me aconteceu com Graham Greene. É um homem de muito poucas palavras, que não parece se interessar muito pelas coisas que a gente diz, mas ao fim de várias horas juntos se tem a impressão de ter conversado sem descanso. Uma vez, durante uma longa viagem de avião, comentei com ele que Hemingway e ele eram alguns dos poucos escritores em quem não se podia detectar influências literárias. 'Em mim são evidentes', respondeu. 'Henry James e Conrad.' Depois lhe perguntei por que, na sua opinião, não lhe tinham dado o Prêmio Nobel. Sua resposta foi imediata. 'Porque não me consideram um escritor sério.' É curioso, mas essas duas respostas me deram tanto em que pensar que conservo a lembrança daquela viagem como se tivesse sido uma conversa contínua de cinco horas.

Desde que li *O poder e a glória*, não sei há quantos anos já, imaginei que seu autor devia ser como efetivamente é."

— Como explica que tenha tido com Torrijos uma amizade análoga à sua?

— Sua amizade com Torrijos, assim como a minha com ambos, tinha alguma coisa de cumplicidade. Graham Greene tem sua entrada nos Estados Unidos limitada há muitos anos, porque na solicitação de um visto declarou que tinha sido membro de um partido comunista por poucos meses, durante a sua juventude. Comigo acontece a mesma coisa, por ter sido correspondente em Nova York da agência cubana de notícias. Nessas circunstâncias, Torrijos queria que fôssemos seus convidados para a assinatura do tratado do Canal do Panamá, que teve lugar em Washington em 1978, e nos deu a ambos passaportes oficiais panamenhos. Nunca me esquecerei da cara de gozação com que Graham Greene desceu do avião oficial na base naval de Andrews, em Washington, entre hinos e salvas de canhão, como só chegam aos Estados Unidos os chefes de governo. No dia seguinte, estivemos juntos na cerimônia, a menos de dez metros da longa mesa onde estavam sentados todos os governantes da América Latina, inclusive Stroessner do Paraguai, Pinochet do Chile, Videla da Argentina e Banzer da Bolívia. Nem ele nem eu fizemos nenhum comentário, enquanto observávamos com o apetite que é de supor aquele suculento jardim zoológico. Graham Greene se inclinou de repente para mim, e me disse ao ouvido, em francês: *"Banzer doit être un homme très malheureux."* Não me esquecerei nunca, principalmente porque me pareceu que Graham Greene disse isso com uma grande compaixão.

— De que escritor já desaparecido você poderia ter sido amigo?

— De Petrarca.

— Você foi recebido pelo Papa João Paulo II. Que impressão lhe deu?

— Sim, o papa me recebeu quando mal tinha transcorrido um mês da sua eleição e a impressão que me deu foi a de um homem perdido não só no Palácio do Vaticano mas também no mundo imenso. Era como se ainda não tivesse deixado de ser o bispo de Cracóvia. Não aprendera nem sequer como se conduziam as coisas do seu escritório e quando já estava me despedindo não conseguiu fazer girar na fechadura a chave da biblioteca e ficamos presos um momento, até que um dos seus assistentes abriu a porta de fora. Não conto isso como uma impressão negativa, mas exatamente o contrário: pareceu-me um homem de uma fortaleza física assustadora, muito simples e cordial, que quase parecia disposto a pedir desculpas por ser papa.

— Por que motivo você o visitou?

— Visitei-o para pedir ajuda a alguns programas de Direitos Humanos na América Latina, mas ele parecia estar unicamente interessado nos Direitos Humanos da Europa Oriental. Entretanto, poucas semanas depois, quando foi ao México e esteve pela primeira vez diante da pobreza do Terceiro Mundo, tive a impressão de que começou a ver um lado da humanidade que não conhecia até então. A audiência foi de uns quinze minutos, falamos em castelhano porque ele queria praticar antes de ir ao México, e fiquei para sempre com a impressão consoladora de que ele não tinha a menor ideia de quem era eu.

— Uma vez vi você almoçando em Paris com Margaux Hemingway. Sobre o que você pode falar com ela?

— Ela me fala muito de seu avô. E eu lhe falo muito do meu.

— Qual é o personagem mais surpreendente que conheceu?

— Mercedes, minha esposa.

Este livro foi composto na tipografia Minion
Pro, em corpo 12/16, e impresso em papel
off-white no Sistema Digital Instant Duplex da
Divisão Gráfica da Distribuidora Record.